地理総合 ワークブック

目次 INDEX

表紙写真：スロベニア・ブレッド島の聖マリア教会
(撮影：㊧ Zoltan Gabor，㊨ Ralph Musto／Dreamstime.com)
ブレッド島は，川の中洲を除くとスロベニア唯一の自然島。99段の階段が教会へと続いている。745年にキリスト教化される前は，スラブ神話の豊穣の女神・ジーヴァに捧げられた神殿があった。現在でも恋愛のパワースポットとして，各国から巡礼者が多く訪れる。

タカシ先生

All-in-One Workbook

このワークブックは，見開き２ページで構成されています。左側のページ「Basic」で教科書の内容を整理し，右側のページ「Work & Challenge」で作業したり地図や統計から考察したりするようになっています。つまり，この１冊で基礎から応用までつかめるようになっています。

Basic, Work & Challenge

教科書をよく読んで，左側のページの空欄を埋めてみましょう。これは，教科書のエッセンスをつむぎだすことですから，地理の基礎的な力を養成することになります（穴埋めの語句―キーワードはページの下部に50音順に並べてあります）。次に，右側ページの作業を行いましょう。主題図の色塗りや統計数値の読み取りなどによって，地理で必要な技法や手法を身につけ，地理的な見方や考え方を深めます。

Check

学習が終わったら，右ページ上部のチェック欄に印を付けましょう。すべての欄にチェックが入ったら，あなたはもう，立派な地理博士です。それでは，一緒に地理学習を始めましょう！！

ミサキ先生

1 球面上の世界

Basic

1　位置の基準～地球上の緯度・経度

a. 球体としての地球

・地球の形：西洋ナシのような形 (楕円体(だえんたい))

・地軸の傾き：(①＿＿＿＿＿＿＿＿)

・約 24 時間かけて (②＿＿＿＿＿) している

・太陽の周りを約 1 年かけて (③＿＿＿＿＿) している

b. 緯度と経度

・(④＿＿＿＿＿)：(⑤＿＿＿＿＿) を基準に南北方向に同じ緯度を結んだ線

・(⑥＿＿＿＿＿)：(⑦＿＿＿＿＿＿＿＿) を基準に東西方向に同じ経度を結んだ線

ロンドン南東部にある (⑧＿＿＿＿＿＿＿＿＿＿) 旧本館付近を通る

c. より正確な位置を求めて

・フランスの測量隊により地球が楕円体であることがわかる

・1960 年代以降，(⑨＿＿＿＿＿＿＿) による観測技術が発達

・現在 (⑩＿＿＿＿＿＿＿＿) が定義されている

→地球上の位置をあらわす世界共通の基準

2　時間の基準～時差と標準時

a. 世界と日本の標準時

世界各地の標準時：グリニッジ標準時 (⑪＿＿＿＿＿＿) を基準に一定の時差で定められた

現在は協定世界時 (⑫＿＿＿＿＿＿) が，世界の時刻の基準

経度 (⑬＿＿＿＿＿) 度ごとに 1 時間の時差が生じる

国や地域などで (⑭＿＿＿＿＿＿) を設定

夏季に標準時を 1 時間進める (⑮＿＿＿＿＿＿＿＿＿) (DST) を採用する国・地域もある

日本標準時子午線：東経 (⑯＿＿＿＿＿＿) 度

日本標準時 (⑰＿＿＿＿＿＿＿) ＝協定世界時＋ 9 時間

b. 時差を計算する

図**1**の (⑱＿＿＿＿＿＿＿＿) で確認

日　　本　＝　UTC＋9

ロサンゼルス　＝　UTC－8　時差　17 時間

(⑲＿＿＿＿＿＿＿＿)：ほぼ経度 180 度に沿って設定

西 → 東：1 日遅らせる　　東 → 西：1 日進める

(⑳＿＿＿＿＿＿＿＿) 共和国：日付変更線を東にずらす

世界で最も早く朝を迎える

Words　緯線　キリバス　グリニッジ天文台　経線　公転　サマータイム　自転　人工衛星　世界測地系　赤道　等時帯地図　日付変更線　標準時　本初子午線　GMT　JST　UTC　15　135　23 度 26 分

Work & Challenge

学習した日　　年　　月　　日

Check　Check

課題 A　次の図は夏至と冬至の地球の姿を模式的に表したものである。空欄に当てはまる語句と数字を答えよう。

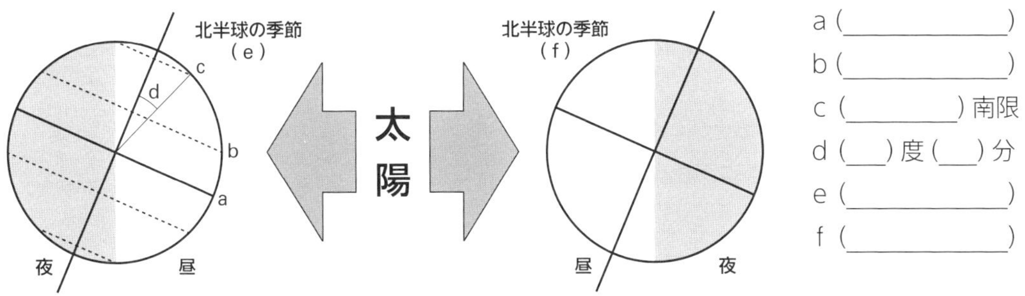

a（　　　　　　　）

b（　　　　　　　）

c（　　　　　）南限

d（　）度（　）分

e（　　　　　　　）

f（　　　　　　　）

課題 B　次の４枚の画像は「Day and Night World Map」を用いて作成した１時 30 分（UTC）の日が異なる画像である（2022 年）。それぞれ何月何日のものか，次の中から選ぼう。

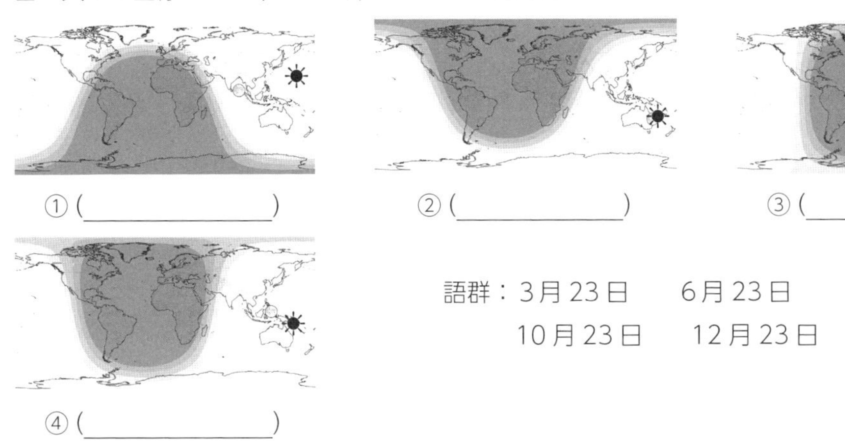

①（　　　　　　　）　②（　　　　　　　）　③（　　　　　　　）

④（　　　　　　　）

語群：3月23日　　6月23日
10月23日　　12月23日

課題 C　次の北極中心の図を参考に，表中の①～⑧の現地時刻を求めよう。ただし，サマータイムは考慮しないものとする。

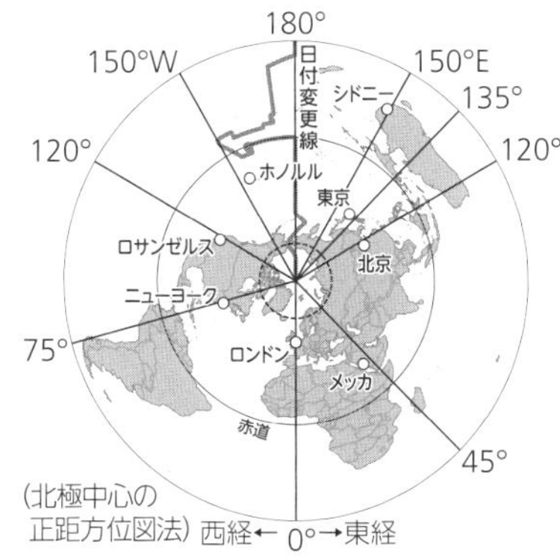

（北極中心の正距方位図法）西経← 0°→東経

	都市	標準時子午線	UTC との差（時間）	現地時刻
①	東京	135° E	+9	20日17時
②	ロンドン	0°	0	
③	メッカ	45° E		
④	北京	120° E		
⑤	シドニー	150° E		
⑥	ロサンゼルス	120° W		
⑦	ニューヨーク	75° W		
⑧	ホノルル		−10	

Memo

2 世界からみた日本の位置と領域 (1)

教科書 p.18～19

Basic

1　視点を変えてみた日本の位置

a. 世界全体をとらえた地図

・日本では，世界地図の多くが日本を中心に描かれる

→日本は，太平洋を前にした (①＿＿＿＿＿＿) のようにみえる

・様々な地図で日本を比較する

● (②＿＿＿＿＿＿＿) 図法

・緯線と経線が直交

・任意の2地点を結んだ直線と経線との角度が正しい

・(③＿＿＿＿＿＿) が直線

→航海用の (④＿＿＿＿) として利用

かつてはクロノメーターや羅針盤(らしんばん)を用いて航海

・高緯度ほど面積は拡大

・北極と南極付近を取り除けば，世界全体を正方形に表現できる

→地理院地図などの (⑤＿＿＿＿＿＿) にも使用されている

b. 日本からみた世界

・どこを中心に地図を描くかで，世界の見え方は変わる

● (⑥＿＿＿＿＿＿) 図法

・中心からの距離と方位が正しい

・(⑦＿＿＿＿＿＿＿) (任意の2地点の最短経路) が直線

→(⑧＿＿＿＿＿＿＿) として利用

・(⑨＿＿＿＿＿＿＿)：北極を中心とした正距方位図法の地図を用いる

c. 世界からみた日本

・本初子午線を中心に描くと，(⑩＿＿＿＿) は東の端にあるようにみえる

・東経 135 度線を中心に描くと，(⑪＿＿＿＿＿＿＿) は西の端にあるようにみえる

・地図を描くとき

・目的に応じて適切な (⑫＿＿＿＿) を選ぶ

・中心となる緯度・経度をどこにおくかを考える

● (⑬＿＿＿＿＿＿＿) 図法

・面積が正しく描かれる

Words　海図　海洋国家　航空路線図　国際連合旗　図法　正距方位　大圏コース　電子地図　等角航路　日本　メルカトル　モルワイデ　ヨーロッパ

Work & Challenge

課題 A　次の図はメルカトル図法と正距図法で描いた世界地図である。二つの地図を見比べ，東京からA～E 地点への方位とA～E 地点から東京への方位を 16 方位で考えてみよう。

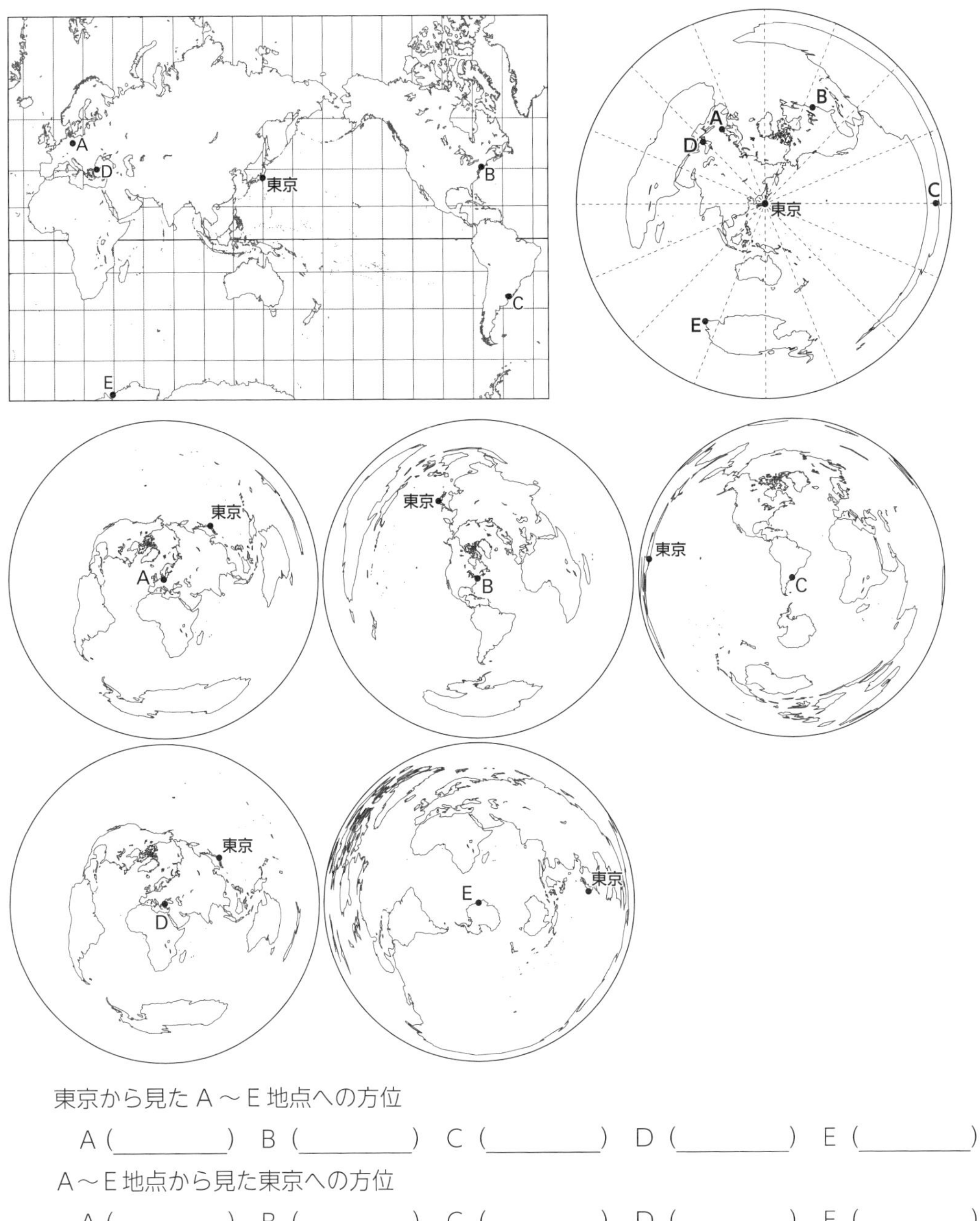

東京から見た A ～ E 地点への方位

A (　　　　) B (　　　　) C (　　　　) D (　　　　) E (　　　　)

A～E 地点から見た東京への方位

A (　　　　) B (　　　　) C (　　　　) D (　　　　) E (　　　　)

課題 B　メルカトル図法上に，東京からA～E 各地点へのおおよその大圏コースを描き入れよう。

Memo

2 世界からみた日本の位置と領域 (2)

Basic

2 国家とその領域

a. 国家とは何か

・国家の三要素：主権（しゅけん）・国民・(①________)

・互（たが）いに主権国家として承認：(②________) を結ぶ

b. さまざまな国境

・(③______________)：山脈・河川・海峡など

・(④______________)：経線・緯線・構造物など

・平時には自由に往来できる国境：ヨーロッパの (⑤__________________) 締結国間

c. 国家の領域

・国家の (①________)：(⑥________)・領海・領空

・(⑦____________) (CZ)：出入国管理や衛生などで規制を設けることができる
(領海を除く基線から 24 海里まで)

・(⑧__________________) (EEZ)：漁業資源・海底資源等の探査・開発・採取が可能
(基線から 200 海里まで)

・(⑨______________)：海底資源の探査・開発・採取が可能
(基線から 200 海里を越えても承認される場合もある)

3 海に広がる日本の領域

a. 日本の領域／ b. 沖ノ鳥島と南鳥島

・北端：(⑩__________) のカモイワッカ岬　・南端：(⑪____________)

・西端：(⑫____________) の西崎（いりざき）にあるトゥイシ　・東端：(⑬__________)

4 日本の領域に関する問題

a. 北方領土：北海道北東部の日本固有の領土

・(⑩__________)・(⑭__________)

・(⑮____________)・(⑯__________) →平和条約締結後に日本へ引き渡し
(1956 年の日ソ共同宣言)

b. 竹島と尖閣諸島

・(⑰________)：島根県隠岐（おき）諸島沖，1952 年以来，韓国による不法占拠状態

・(⑱____________)：沖縄県石垣（いしがき）島の北西，中華人民共和国が領有を主張

c. 海洋資源の活用と保護

・日本周辺海域…大陸棚：漁業資源が豊富

・マンガンやコバルトなどの (⑲______________)，
(⑳____________________) などのエネルギー資源も埋蔵

Words
択捉島　延長大陸棚　沖ノ鳥島　国後島　国交　シェンゲン協定　色丹島　自然的国境
人為的国境　接続水域　尖閣諸島　竹島　排他的経済水域　歯舞群島　南鳥島
メタンハイドレート　与那国島　領域　領土　レアメタル

Work & Challenge

課題A　下の地図は，日本とその周辺をあらわしたものである。

(1)　日本の北端，東端，南端，西端にある島を赤丸で囲い，その名前を答えよう。

(2)　日本の排他的経済水域の境界を青でなぞり，延長大陸棚を赤で着色しよう。

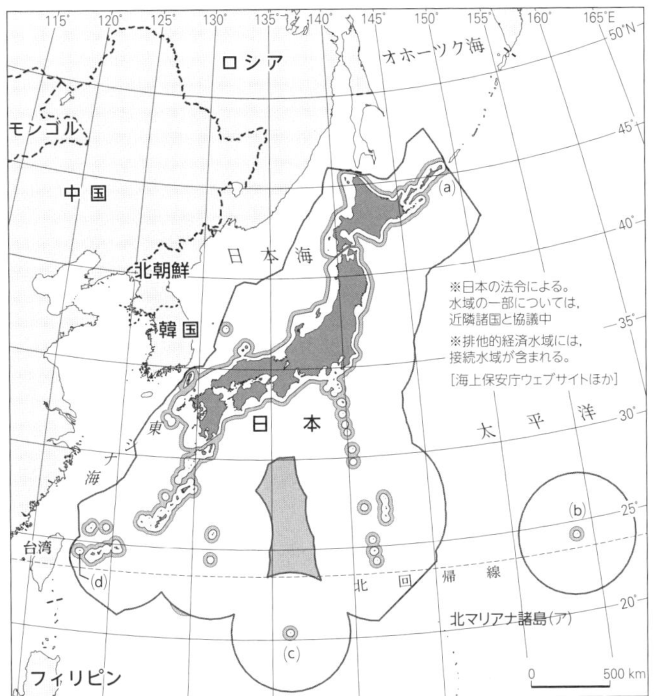

北端の島
(a)

東端の島
(b)

南端の島
(c)

西端の島
(d)

課題B　次の図の，国家の領域に関わるア～キの用語を答えよう。

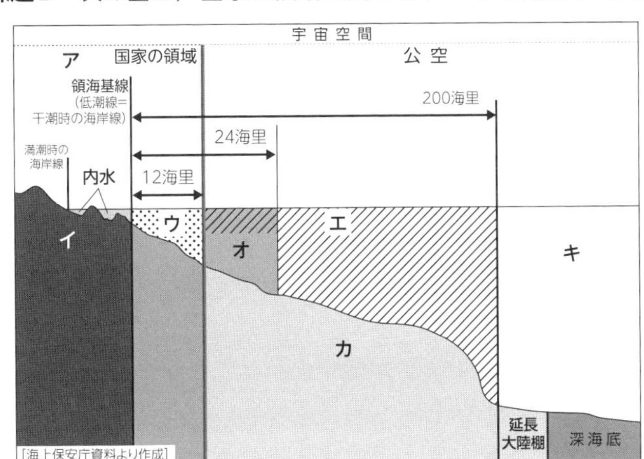

ア	
イ	
ウ	
エ	
オ	
カ	
キ	

課題C　地図帳を利用して，日本の北端・南端・西端・東端の島，尖閣諸島・竹島・北方領土の位置を確認しよう。

Memo

教科書 p.26 ～ 31

3 国内や国家間の結びつき (1)

Basic

1 国家間の結びつき

a. 国家結合

・(①＿＿＿＿＿＿＿＿)
→1945 年に世界の平和と安全の維持，国際協力の推進を目的に設立

・(②＿＿＿＿＿＿) (経済協力開発機構)：先進国が中心の組織
→冷戦終結後，各地域での経済的な国家結合が重視される

・(③＿＿＿＿＿＿＿)：アメリカ・メキシコ・カナダ協定 (旧 NAFTA)

・(④＿＿＿＿)：欧州連合

・(⑤＿＿＿＿＿＿＿)：東南アジア諸国連合

・(⑥＿＿＿＿＿＿＿＿)：南米南部共同市場

・首脳会合
・1976 年～：G 7 サミット (主要国首脳会議)
・2008 年～：(⑦＿＿＿＿＿＿＿＿) 金融・世界経済に関する首脳会合も開催

b. 持続可能な世界のために

・1 人当たり (⑧＿＿＿＿＿)：貧困や経済格差を比較する指標
→比較すると高所得国と低所得国の間で経済格差

・(⑨＿＿＿＿＿) 政府開発援助：格差の解消に重要な役割
→(⑩＿＿＿＿＿)：非政府組織，(⑪＿＿＿＿＿)：非営利団体と連携

・(⑫＿＿＿＿＿)：世界食糧計画…世界最大の食料支援組織

・(⑬＿＿＿＿＿＿)：国際協力機構…日本の (⑨＿＿＿＿＿) の一環として支援

2 交通・通信による結びつき

a. 交通の発達が進めた世界のフラット化

・航空交通：1970 年代後半以降，(⑭＿＿＿＿＿＿＿＿＿＿) という輸送方式へ
→(⑮＿＿＿＿＿＿) に旅客・貨物を集中

・(⑯＿＿＿＿＿)：格安航空会社…シェアを伸ばす

b. 時間距離を克服した通信の発達

・(⑰＿＿＿＿＿)：情報通信技術…1990 年代以降発達
→情報を高速・大量，安定的に伝達

・(⑱＿＿＿＿＿＿＿＿＿＿) の敷設
→世界中がインターネットでつながる

・(⑲＿＿＿＿＿＿＿)：電子商取引 →キャッシュレス決済の普及

・(⑳＿＿＿＿＿＿＿＿＿)：情報格差 →収入や機会の格差につながる

Words
国際連合 (UN)　デジタルデバイド　ハブアンドスポーク　ハブ空港　光ファイバーケーブル
メルコスール　ASEAN　eコマース　EU　GNI　G20サミット
ICT　JICA　ODA　OECD　LCC　NGO　NPO　USMCA　WFP

Work & Challenge

学習した日　　年　　月　　日

課題 A　次の地図中，以下の国家群に属する国の位置を地図帳などで調べて，色別に表そう。
(加盟国は 2023 年 8 月現在)

EU（青）：オランダ・ベルギー・ルクセンブルク・イタリア・フランス・ドイツ・アイルランド・デンマーク・ギリシャ・スペイン・ポルトガル・オーストリア・スウェーデン・フィンランド・エストニア・ラトビア・リトアニア・ポーランド・ハンガリー・チェコ・スロバキア・キプロス・マルタ・スロベニア・ルーマニア・ブルガリア・クロアチア

ASEAN（赤）：シンガポール・インドネシア・マレーシア・タイ・フィリピン・ブルネイ・ベトナム・カンボジア・ラオス・ミャンマー

OPEC（黒斜線）：アラブ首長国連邦・クウェート・イラン・イラク・サウジアラビア・ベネズエラ・アルジェリア・リビア・ナイジェリア・アンゴラ・ガボン・赤道ギニア・コンゴ共和国

USMCA（緑）：アメリカ・カナダ・メキシコ

メルコスール（橙）：ブラジル・アルゼンチン・パラグアイ・ウルグアイ・ボリビア・ベネズエラ

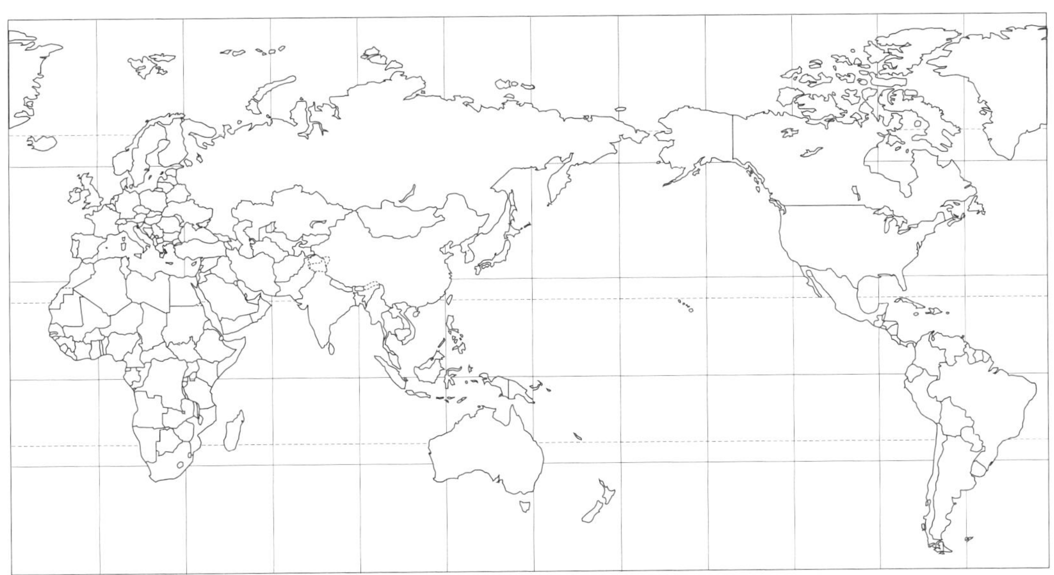

Memo

3 国内や国家間の結びつき (2)

Basic

3　貿易・物流による結びつき

a. 貿易による結びつき

・かつての世界貿易のしくみ：(①＿＿＿＿＿＿) がほとんど

先進国

一次産品　↑　↓　工業製品

発展途上国

・1970 年代の (②＿＿＿＿＿＿＿＿) 後，安価な労働力を求め，
工業製品の生産拠点が東アジア・東南アジアに移動

・1990 年代以降：(③＿＿＿＿＿＿) が増加

先進国

工業製品　↑　↓　工業製品

新興工業国

・(④＿＿＿＿＿＿)：発展途上国内での経済格差が生じている

b. 国際化を支える水上交通

・(⑤＿＿＿＿＿＿)：低価格で大量輸送可能・貨物輸送最大の交通機関

・(⑥＿＿＿＿＿＿＿＿)：効率的な貨物輸送船

・(⑦＿＿＿＿＿＿＿＿＿＿＿＿)：コンテナ運搬用大型クレーンを備える

・(⑧＿＿＿＿＿＿＿＿)：鉄道輸送とコンテナ船輸送の組み合わせ

c. グローバル化と自由貿易

・(⑨＿＿＿＿＿) 世界貿易機関：自由で公正な貿易をすすめるための国際機関
→現在は二国間や複数国間の限られた範囲での貿易協定が主流

・(⑩＿＿＿＿＿) 自由貿易協定：関税や輸入制限の削減・撤廃が目的

・(⑪＿＿＿＿＿) 経済連携協定：FTA に加えて投資・人の移動，知的財産権の保護などの経済関係の強化が目的

4　観光による結びつき

a. 増え続ける外国人観光客　　観光支出は，中国，アメリカが多い

b. 国際観光が発達する背景

・(⑫＿＿＿＿＿) 格安航空会社の普及

・観光振興を目的に (⑬＿＿＿＿) (査証) 発給の免除・緩和

・個人で，インターネットを使ったホテル予約や旅行計画の環境が整う

c. 観光の多様化と課題

・(⑭＿＿＿＿＿＿＿＿＿＿)：人気の観光地・リゾート施設・テーマパーク等の訪問

・(⑮＿＿＿＿＿＿＿＿＿＿)：(⑯＿＿＿＿＿＿) などの自然・歴史に触れる，伝統文化や食文化を楽しむ

・(⑰＿＿＿＿＿＿＿＿＿＿) →地域の実態にあった観光の模索・観光客の分散化

Words　オイルショック　オーバーツーリズム　コンテナ貨物船　コンテナターミナル (ハブ港)　水上交通　垂直貿易　水平貿易　世界遺産　ソフトツーリズム　南南問題　ハードツーリズム　ビザ　ランドブリッジ　EPA　FTA　LCC　WTO

Work & Challenge

課題 A　次の表は世界の貨物取扱量上位 20 の主要港湾である (2020 年)。地図帳を用いて，地図中①～⑳の港湾名を表中から選ぼう。

	港湾・都市名	国・地域名	百万トン		港湾・都市名	国・地域名	百万トン
1	寧波舟山(ニンポーチョウシャン)	中国	1172	11	光陽 (クァンヤン)	韓国	273
2	上海 (シャンハイ)	中国	651	12	深圳 (シェンチェン)	中国	265
3	広州 (コワンチョウ)	中国	612	13	香港 (ホンコン)	中国	249
4	青島 (チンタオ)	中国	605	14	イタキ (サンルイス)	ブラジル	232
5	シンガポール	シンガポール	591	15	アントウェルペン	ベルギー	231
6	ポートヘッドランド	オーストラリア	546	16	サウスルイジアナ	アメリカ	227
7	ロッテルダム	オランダ	437	17	ポートクラン (クラン)	マレーシア	223
8	釜山 (プサン)	韓国	411	18	ロサンゼルス	アメリカ	222
9	天津 (テンチン)	中国	388	19	ヒューストン	アメリカ	218
10	大連 (ターリエン)	中国	334	20	厦門 (アモイ)	中国	208

https://www.mlit.go.jp/statistics/details/content/001517675.pdf　[国土交通省資料]

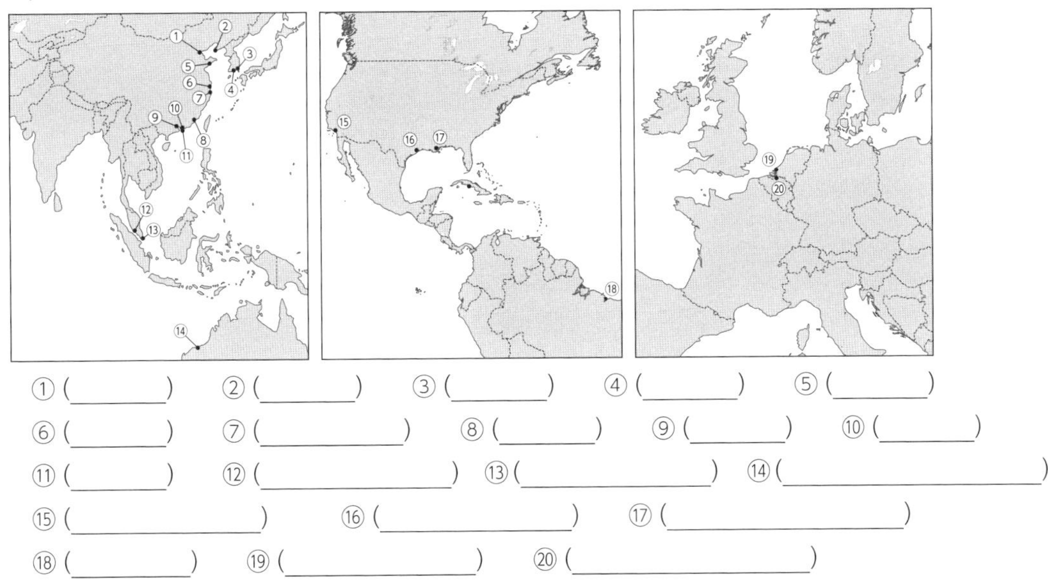

① (　　　　)　② (　　　　)　③ (　　　　)　④ (　　　　)　⑤ (　　　　)
⑥ (　　　　)　⑦ (　　　　)　⑧ (　　　　)　⑨ (　　　　)　⑩ (　　　　)
⑪ (　　　　)　⑫ (　　　　)　⑬ (　　　　)　⑭ (　　　　)
⑮ (　　　　)　⑯ (　　　　)　⑰ (　　　　)
⑱ (　　　　)　⑲ (　　　　)　⑳ (　　　　)

課題 B　次の表は，外国人観光客受入数の上位 20 か国・地域を示している。この中でアジアに属する国・地域に○をつけよう。

1	フランス	8932	11	オーストリア	3188
2	スペイン	8351	12	日本	3188
3	アメリカ合衆国	7926	13	ギリシャ	3135
4	中国	6573	14	マレーシア	2610
5	イタリア	6451	15	ロシア	2442
6	トルコ	5119	16	香港	2375
7	メキシコ	4502	17	カナダ	2215
8	タイ	3992	18	アラブ首長国連邦	2155
9	ドイツ	3956	19	ポーランド	2116
10	イギリス	3942	20	オランダ	2013

(2019年，単位は万人)　[日本政府観光局資料]

Memo

4 暮らしのなかの地図とGIS (1)

教科書 p.36 ～ 39

Basic

1 身の回りの地図を集める

a. 身近なところにある地図

・スマートフォン向けの (①＿＿＿＿＿＿＿)，道路地図

・路線と駅名，停車駅が書かれた (②＿＿＿＿＿)

・施設の場所や駅からの道順を表した (③＿＿＿＿＿)　など

b. 身近な地図の特徴／ c. 一般図と主題図

・目的により何を正確に描き，何を強調するかが違ってくる

・位置，方位，距離，面積など地図要素が正確に描かれているわけではない

・(④＿＿＿＿＿)：地形・交通・集落等が詳しく描かれ，様々な目的での使用が前提

・(⑤＿＿＿＿＿)：一つの主題を強調して表現し，特定の目的に特化

2 地理院地図の活用

a. インターネット上の電子地図

・インターネット上での電子地図の活用　←　(⑥＿＿＿＿＿＿＿) の電子化

・2007 年，地理空間情報活用推進基本法施行

・(⑦＿＿＿＿＿＿＿)：標高・道路・鉄道路線・建物などの位置情報を電子化

↓　植生や構造物など土地の状況を表した情報を合わせる

・(⑧＿＿＿＿＿＿＿)：地図情報・オルソ画像・地名情報から構成

b. 地理院地図と紙の地形図

・(⑨＿＿＿＿＿＿)：電子国土基本図を PC やスマホ等で閲覧(えつらん)できるサイト

標準地図に (⑩＿＿＿＿＿＿) や標高図，空中写真を重ねて表示可

拡大・縮小表示，面積・距離計算などが可能，道路開通情報などが迅速(じんそく)に更新

・紙の地形図：2万5千分1地形図 → 書店などで購入

電子地形図 → インターネットサイトから購入

地理の技能「地理院地図・地形図の見方」

・(⑪＿＿＿＿＿)：同じ標高の場所を結んだ線

密：傾斜が急　疎(まば)ら：傾斜が緩やか

似ていてまぎらわしい地図記号

記号		記号		記号		記号	
◎	市役所	○	町村役場	裁判所記号	裁判所	記号	(⑭＿＿＿＿)
文	小中学校	⊗	高等学校	記念碑記号	記念碑	記号	(⑮＿＿＿＿＿＿)
記号	せき	記号	滝	記号	土がけ	記号	岩がけ
記号	果樹園	記号	(⑫＿＿＿＿)	142	国道	記号	有料道路
記号	畑	記号	(⑬＿＿＿)	記号	都道府県界	記号	(⑯＿＿＿＿)
記号	竹林	記号	笹地	記号	送電線	記号	JR線以外
				△52.6	(⑰＿＿＿＿)	⊡21.7	(⑱＿＿＿＿)

Words

荒地　案内図　一般図　基盤地図情報　広葉樹林　三角点　自然災害伝承碑　市町村界　主題図　水準点　税務署　地図アプリ　地理院地図　地理空間情報　電子国土基本図　等高線　土地条件図　路線図

Work & Challenge

課題 A　次の地形図の範囲を PC やスマホ等を使って地理院地図で確認し，地理院地図右上のツールにある計測機能を用いて，①の距離と②の面積を測ってみよう（①は古代に制定された条里制による「坪」の一辺の長さになる。畿内地方を中心にこの区画が今も残っている）。

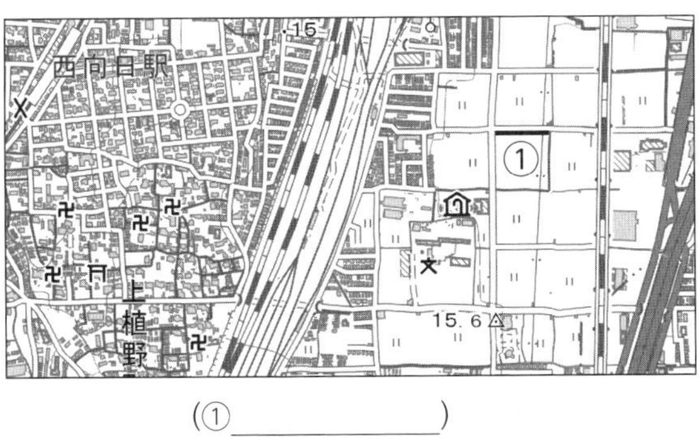

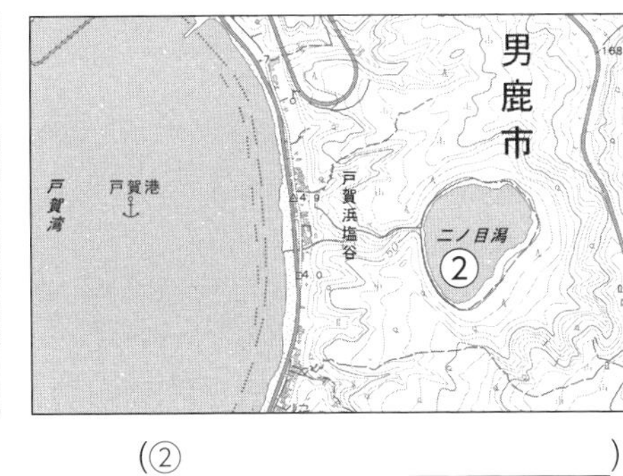

（①＿＿＿＿＿＿）　（②＿＿＿＿＿＿）

課題 B　PC やスマホ等を使って，地理院地図の土地の成り立ち・土地利用→土地条件図→数値地図 (25000)，標高・土地の凹凸→陰影起伏図を見て大阪城とそこから南にのびる地域が立地する地形を確認してみよう。地図の凡例から地形区分を答えよう。

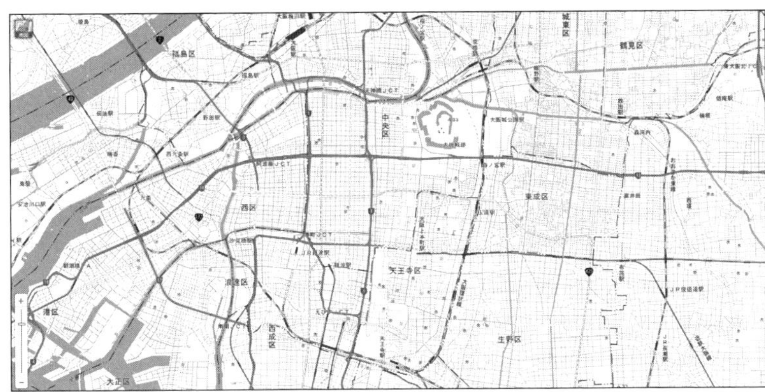

地形区分：（＿＿＿＿＿＿＿＿＿＿）

課題 C　PC やスマホ等を使って，次の地理院地図の③の灯台の建物および④の建物が建っている地点の標高を地理院地図を用いてそれぞれ求めよ（地理院地図の中央に表示される＋の位置の標高が左下に表示されるので，調べてみよう）。

（③＿＿＿＿＿＿）
（④＿＿＿＿＿＿）

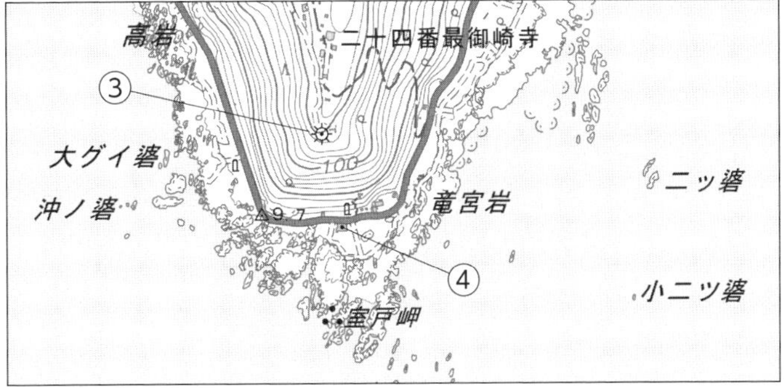

Memo

4 暮らしのなかの地図と GIS (2)

Work & Challenge 地理の技能「地理院地図・地形図の見方」

課題 A 次の電子地形図 25000「比良山」を見て，後の問いに答えよう。

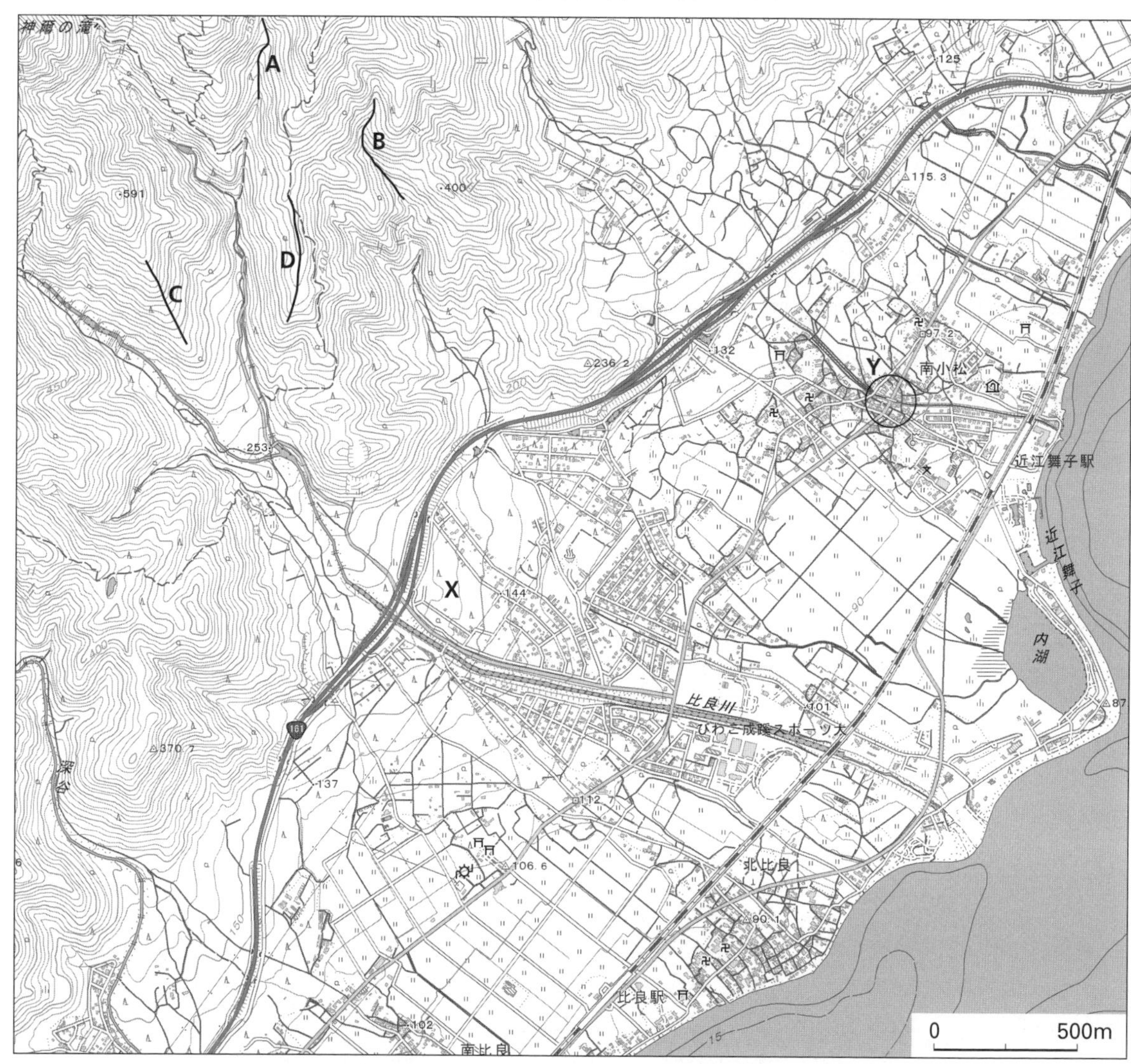

(1) 比良駅と「神爾の滝」の標高差は約何 m か，次の中から選ぼう。

あ）360 m　い）400 m　う）440 m　え）480 m　お）520 m

(2) 比良駅と近江舞子駅の間の地図上の長さはおよそ 9 cm である。実際の距離は約何 km になるか，次の中から最も近い数字を選ぼう。

あ）1.2 km　い）2.3 km　う）4.5 km　え）9.0 km

(3) 図中の A ～ D の中で尾根に該当するものを全て選ぼう。

(4) 次の地図記号を地図中から探し，その記号に丸印をつけよう。

①発電所　②老人ホーム　③温泉　④三角点

(5) 図中の X 付近の地形は何か等高線から判断して考えよう。

(6) 図中の Y の〇印の特徴から河川はどのような特徴を持っているか考えよう。

(1)	
(2)	
(3)	
(5)	
(6)	

Work & Challenge

課題 B　次の地理院地図を見て，後の問いに答えよう。

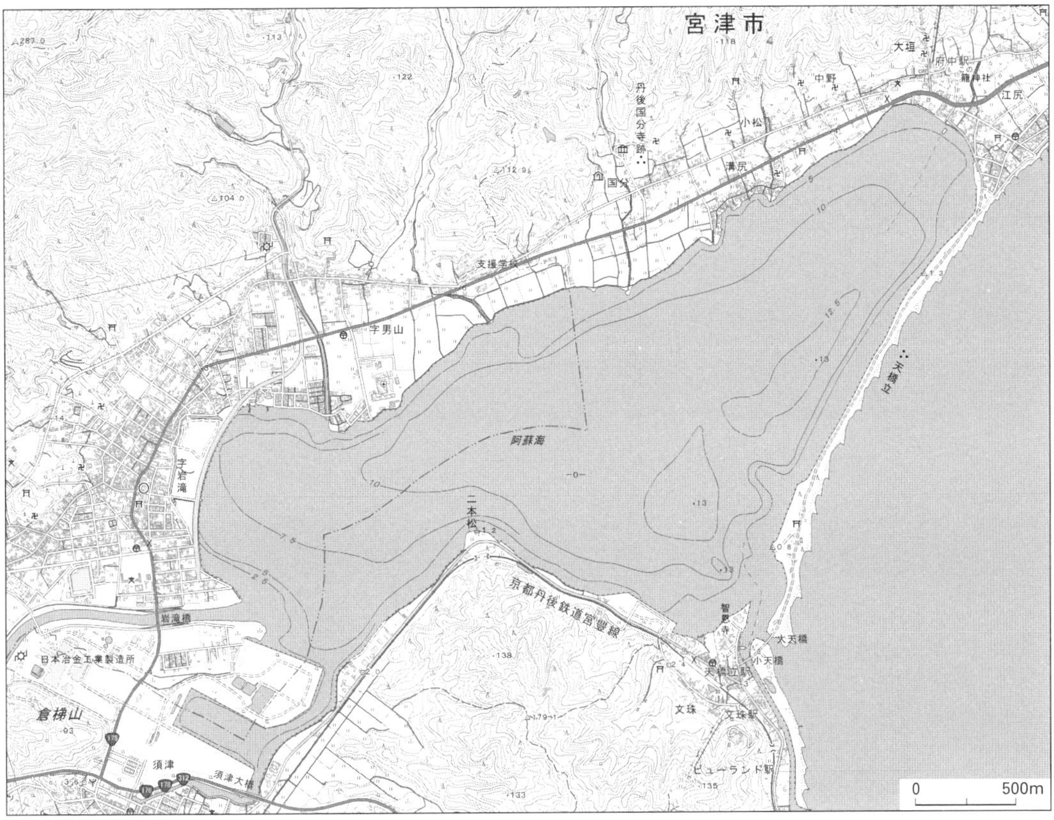

(1)　次の写真は天橋立周辺の3D画像である。どの方向からのものか，東西南北で答えよう。

(Google Earth より作成)

(2)　天橋立と阿蘇海の地形をそれぞれ何と呼ぶか，答えよう。

(3)　阿蘇海に関して地図中から読み取れることとして誤っているものを次の中から選べ。

あ) 阿蘇海の水深は 10m より深い。

い) 阿蘇海の面積は 1 km^2 より広い。

う) 阿蘇海奥の日本冶金工業製造所付近には埋立地がみられる。

え) 阿蘇海の南側より北側の方が，扇状地が多く発達している。

お) 阿蘇海に面しているのは，全て宮津市である。

(4)　天橋立の長さを地理院地図の計測機能で測ってみよう。

(1)	
(2)	
(3)	
(4)	

Memo

4 暮らしのなかの地図と GIS (3)

Work & Challenge

地理の技能「地理院地図・地形図の見方」

課題C 次の地理院地図を見て，後の問いに答えよう。

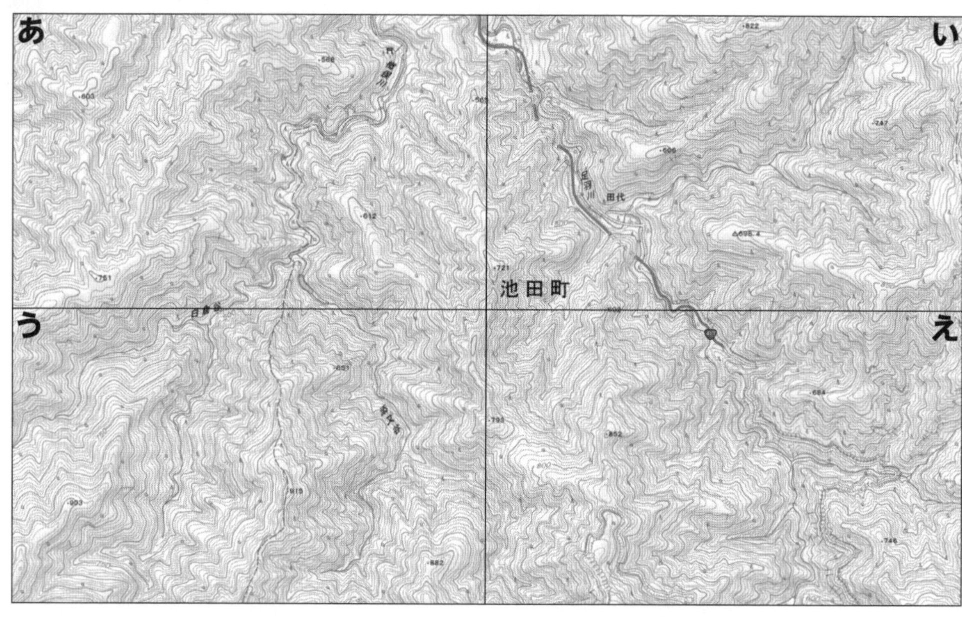

(1) 地理院地図には陰影起伏図（北西から光をあてて地表の凹凸を表現した図）を作成する機能がある。下の①・②の陰影起伏図は上の図のあ～えのうちのいずれかのものである。該当するものを選ぼう。

①

②

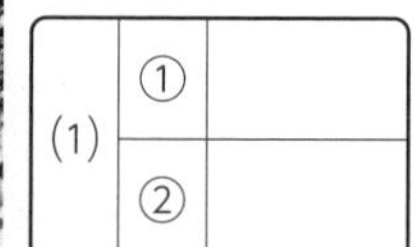

(2) 地理院地図には傾斜量図（地表面の傾きの量を算出し，大きさを白黒の濃淡で表現した図）を作成する機能がある。右の傾斜量図は上の図のあ～えのいずれかのものである。該当するものを選ぼう。

(2)

(3) 地理院地図には航空写真を表示する機能がある。右の航空写真は上の図のあ～えのいずれかのものである。該当するものを選ぼう。

(3)

Work & Challenge

課題 D　次の地理院地図を見て，後の問いに答えよう。

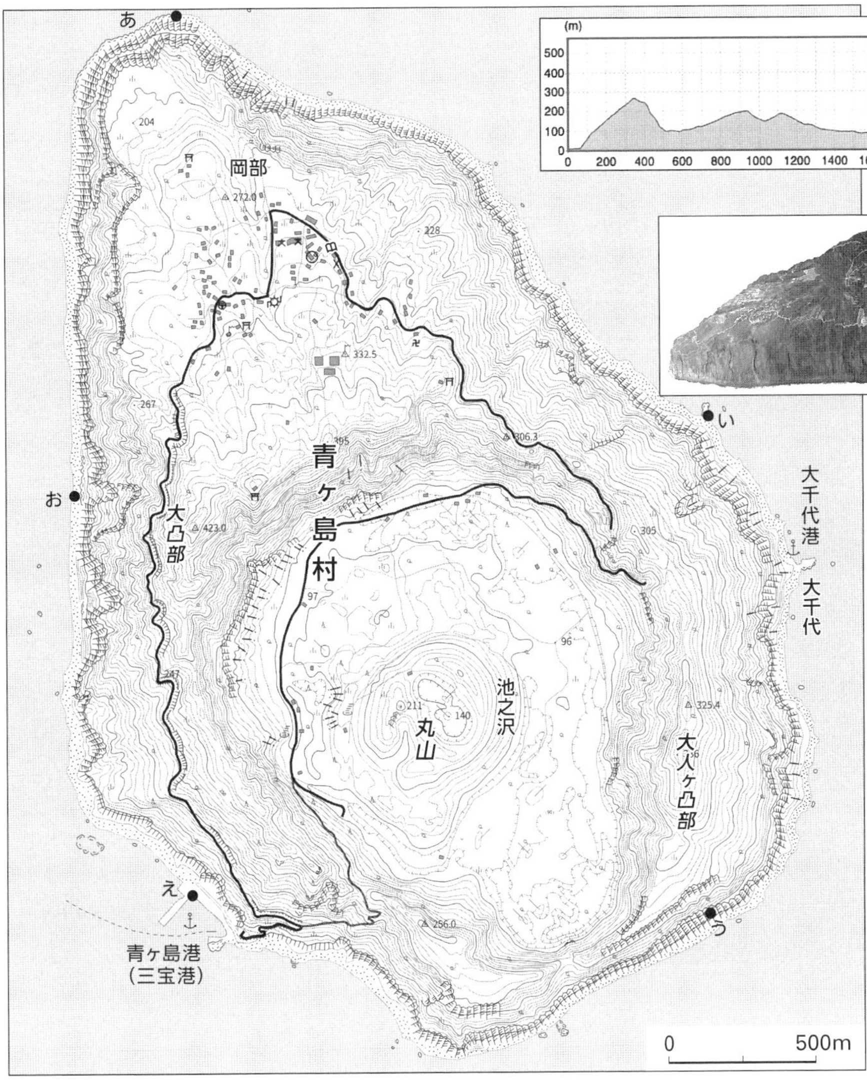

あ
い
う
え
お
岡部
青ヶ島村
大凸部
丸山
池之沢
大人ヶ凸部
大千代港
大千代
青ヶ島港
(三宝港)
0
500m
(m)
500
400
300
200
100
0
0 200 400 600 800 1000 1200 1400 1600 1800 2000 2200
(m)
地形断面図A

画像B

(1)　地形断面図 A は，次のうちいずれの断面を表したものだろうか。

① あーう　② おーい　③ えーい　④ えーう　⑤ うーお

(2)　地理院地図の 3D 機能で作成した画像 B は，青ヶ島をどの方向から見たものだろうか。

① 東　② 西　③ 南　④ 北

(3)　青ヶ島で最も高い地点の標高を調べてみよう。

(4)　この地形図中に存在しない施設を次の中から二つ選ぼう。

あ) 発電所　い) 三角点　う) 自然災害伝承碑

え) 図書館　お) 寺院　か) 高等学校

(1)	
(2)	
(3)	
(4)	

Memo

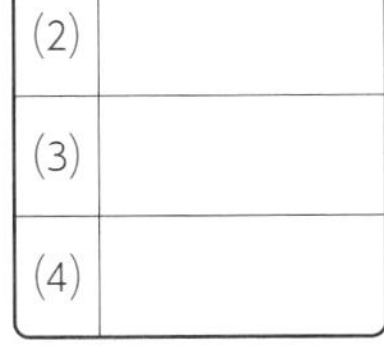

4 暮らしのなかの地図とGIS (4)

Basic

3　地図・GISのしくみと役割

a. 地理情報とは

・(①__________)：位置情報と属性情報から構成される

・(②________)：人や物の位置をあらわす情報

　緯度・経度，住所，郵便番号などであらわされる

　・(③________)データ：点や線，面などのデータ

　・(④________)データ：マス目が格子(こうし)状に並んだデータ

・(⑤________)：名称や地名，説明，統計数値など人や物の状態をあらわす情報

b. GISのしくみ

・(⑥________)地理情報システム：

　地理空間情報を記録し，表示，分析，管理するために使われるシステム

・(⑦________)（階層）：点データ・線データ・面データなどを別々のレイヤに記録

　重ねて表示も可能

c. GNSSのしくみと役割

・(⑧________)全球測位衛星システム：

　人工衛星からの電波を使って地球上の現在地を特定するシステム

　・アメリカ・・・(⑨________)　・中国・・・・・BeiDou（北斗）

　・ＥＵ・・・・・ガリレオ　・ロシア・・・・GLONASS

　・インド・・・・NAVIC

　・日本：準天頂衛星「(⑩________)」で補完

　　常に天頂から電波が届く：ビルに遮(さえぎ)られても位置情報が得やすい

d. 地理情報の社会での活用

・(⑪__________)：GIS・GNSSを使うことで，誰もがいつでもどこでも地理空間情報を利用できる社会

　・被災地で通行可能な道路の情報を収集

　・農地でのトラクター自動運転

　・スマートフォン向けのゲームの位置情報

・スマートフォンの普及により位置情報の利用が容易

　→　位置情報を含む(⑫__________)の蓄積がすすむ

　・企業経営や行政運営の効率化と発展

　・地理院地図のデータ更新にも利用

Words　位置情報　属性情報　地理空間情報　ビッグデータ　ベクタ型　みちびき　ラスタ型　レイヤ　G空間社会　GIS　GNSS　GPS

Work & Challenge

課題A　GISを利用すると，さまざまな地図や画像を重ね合わせて見ることができる。地理院地図はGISの機能を備えている。そこでPCやスマホ等で地理院地図にアクセスし，以下のことを行い，GISの機能について触れてみよう。

①学校周辺の標準地図を画面上に表示する。
②左上の「地図」をタップ・クリックし，年代別の写真を見て，学校周辺がどのように変化してきたかを見てみよう。
③左上の「地図」をタップ・クリックし，「自分で作る色別標高図」で標高の色を様々に指定し，見やすい色別標高図を作成してみよう。
④左上の「地図」をタップ・クリックし，「土地の成り立ち・土地利用」のメニューから「活断層図」を表示し，近隣の活断層を確認してみよう。
⑤左上の「地図」をタップ・クリックし，「土地の成り立ち・土地利用」のメニューから「土地条件図」を表示し，学校周辺の地域の地形を確認してみよう（全国的には網羅（もうら）されていないので，学校周辺地域が描画されないときは，近隣地域を確認してみよう）。
⑥左上の「地図」をタップ・クリックし，「災害伝承・避難場所」のメニューから「自然災害伝承碑」を表示し，学校周辺の地域にある自然災害伝承碑を確認してみよう。

課題B　GISを利用すると，データから統計地図を作成することができる。ここでは，ブラウザで利用できるWeb GISの「MANDARA JS」を用いて，統計地図を作成してみよう。

①右下のURLから「MANDARA JS」にアクセスする。
②「日本の都道府県データ付き」で左側の「単独表示モード」のデータ項目で好きなデータを選び，上の「描画開始」ボタンをクリックし都道府県別の地図を作成する。
③上記②で様々な地図を作成してみよう。ただ，相対値（密度や率など）は階級区分図で，絶対値（人口や生産量など）は図形表現図で作成することに注意する。
④「日本の都道府県データ付き」のホーム画面でペイントモードを書き換え，②の見やすい図を作成する。

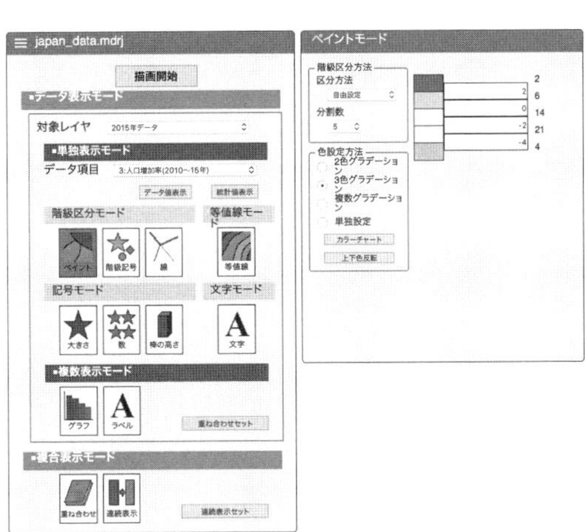

地理情報分析支援システム「MANDARA JS」
https://ktgis.net/mdrjs/mdrjs.html?file=https://ktgis.net/mdrjs/data/japan_data.mdrj

Memo

1 地形と生活文化 (1)

Basic

1 変動帯とプレート

a. 地形をつくる力

・(①＿＿＿＿＿＿)：地球内部の熱エネルギーによる力

・土地を隆起，沈降，移動させる

・(②＿＿＿＿)活動をおこす

・(③＿＿＿＿＿)：内的営力が強く働く地帯

(④＿＿＿＿)や火山の(⑤＿＿＿＿)が多発

・(⑥＿＿＿＿＿＿)：太陽エネルギーと地球の重力をエネルギー源とした力

・地形を(⑦＿＿＿＿)する

・土砂を(⑧＿＿＿＿)・(⑨＿＿＿＿)する

→地形をなだらかにしていく

b. プレートテクトニクス

・(⑩＿＿＿＿＿＿)：地球表面を厚さ数 10～100km で覆(おお)っている

・(⑪＿＿＿＿＿＿＿＿＿＿)

：十数枚のプレートが地球内部の対流(たいりゅう)により移動するという考え

・プレート境界＝四つの型がある

	・(⑫＿＿＿＿＿＿)： ・二つのプレートが近づくところ ・(⑬＿＿＿＿＿)： ヒマラヤ山脈やアルプス山脈などの大山脈
	・(⑫＿＿＿＿＿＿)： ・(⑭＿＿＿＿＿＿)： (⑮＿＿＿＿)の大陸側に火山活動が生じる
	・(⑯＿＿＿＿＿＿)： ・二つのプレートが離れるところ ・(⑰＿＿＿＿)や(⑱＿＿＿＿＿)ができる
	・(⑲＿＿＿＿＿＿)： ・二つのプレートが互いに行き交う境界 ・大きな断層や地震の多発地帯

・(⑳＿＿＿＿＿)：プレート境界からはなれたところ

・なだらかな地形，地震や火山噴火はほとんどない

Words

安定大陸　運搬　海溝　外的営力　海嶺　火山　地震　沈み込み帯　衝突帯　侵食
ずれる境界　狭まる境界　堆積　地溝帯　内的営力　広がる境界　プレート
プレートテクトニクス　噴火　変動帯

Work & Challenge

課題A　地図帳を参考にし，次の地図のおもな山脈名を記入しよう。

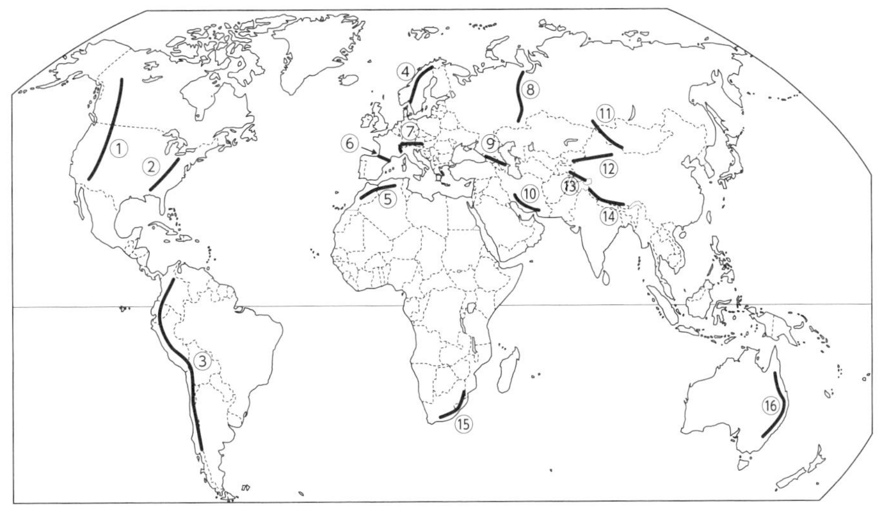

① 山脈	⑤ 山脈	⑨ 山脈	⑬ 山脈
② 山脈	⑥ 山脈	⑩ 山脈	⑭ 山脈
③ 山脈	⑦ 山脈	⑪ 山脈	⑮ 山脈
④ 山脈	⑧ 山脈	⑫ 山脈	⑯ 山脈

課題B　教科書の図を見て，次の世界地図に，広がる境界を黒で，狭まる境界を赤でなぞろう。

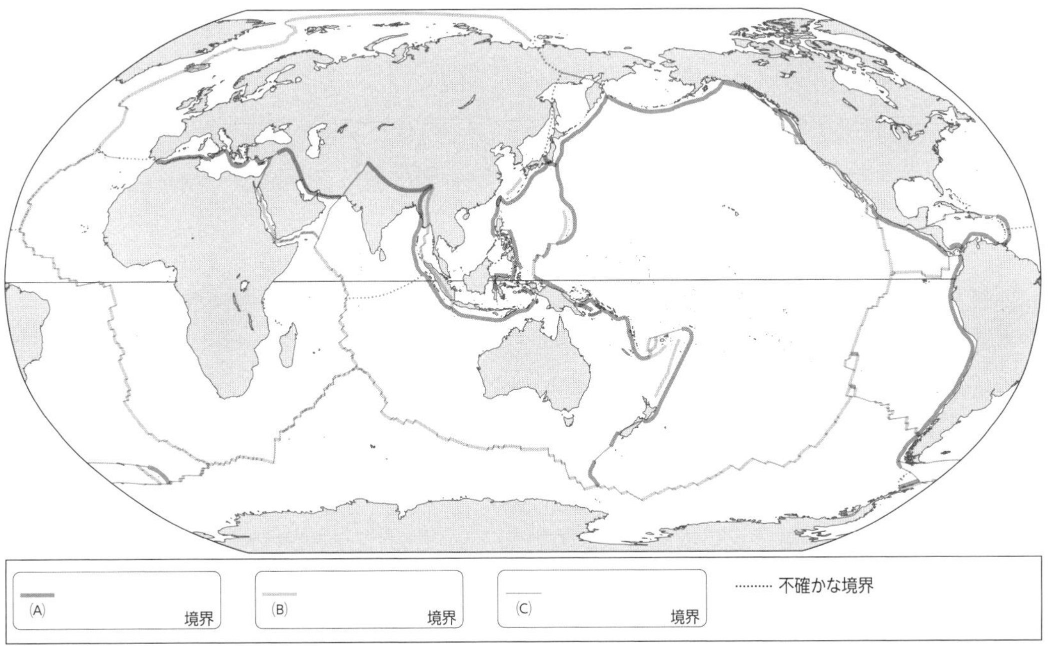

Ⓐ 境界	Ⓑ 境界	Ⓒ 境界	……… 不確かな境界

Memo

1 地形と生活文化 (2)

Basic

2 河川がつくる地形と生活

a. 山地の地形

・流域：河川が降水を集める範囲

・河川により深く侵食された (①________) が形成

→ 削られた土砂は，下流に運搬・堆積する

・谷底には (②________) が形成

・土地の隆起などにより平野の河床(かしょう)が侵食 → (③________) の形成

b. 扇状地

・急勾配の河川が広い平坦地に出ると，(④________) が扇(おうぎ)状に堆積して形成

・河川は地下に伏流(ふくりゅう)し，(⑤________) となる

・扇端では湧水(ゆうすい)がみられる

c. 氾濫原と自然堤防／ d. 三角州

・(⑥________)：扇状地より下流側の平坦な低地

・(⑦________)：河道に並行した微高地，集落が立地

・(⑧________)：洪水時にあふれた水がたまる，水田として利用

・(⑨________)：旧河道(きゅうかどう)が湖沼となったもの

・(⑩________)：河川は分流し網(あみ)の目状になる，河川の氾濫(はんらん)・高潮(たかしお)がおこりやすい
海の玄関口として都市が発達，干拓(かんたく)や埋め立てで土地が拡大

3 海岸の地形と生活

a. 波や沿岸流がつくる地形

・岩石海岸：(⑪________) や波食棚(はしょくだな)の形成

・砂浜海岸：(⑫________) や (⑬________)，
(⑭________) (陸繋砂州(りくけいさす))・陸繋島(りくけいとう)の形成
(⑮________) (潟湖(せきこ))：湾が (⑬________) で閉ざされた湖

b. 離水海岸の地形

・(⑯________)：浅い海底が離水して形成された平野
浜堤(ひんてい)や (⑰________) が形成

c. 沈水海岸の地形

・(⑱________)：U字谷が沈水(ちんすい)した細長い湾

・(⑲________)：V字谷が沈水し，岬と湾が入り組んだ地形

→地球は約 10 万年周期で { 寒冷な氷期：海面低下 / 温暖な間氷期(かんぴょうき)：海面上昇 } を繰り返す

d. サンゴがつくる地形

・(⑳________)：熱帯の海のサンゴ虫の死骸(しがい)が海面付近まで堆積した地形

Words
海岸段丘　海岸平野　海食崖　河岸段丘　後背湿地　谷底平野　砂嘴　砂州　砂礫　三角州
サンゴ礁　自然堤防　トンボロ　氾濫原　フィヨルド　三日月湖　水無川　ラグーン
リアス海岸　V字谷

Work & Challenge

課題A　下の写真 a ～ f の地形名を答えるとともに，その地形が見られる場所を地図帳や Google Earth で確認してみよう。

(a　　　　　　　　)　(b　　　　　　　　)　(c　　　　　　　)とトンボロ

(d　　　　　　　　)　(e　　　　　　　　)　(f　　　　　　　　)

課題B　次の模式図は，平野の模式図である。①～⑩の地形の名称を答えよう。

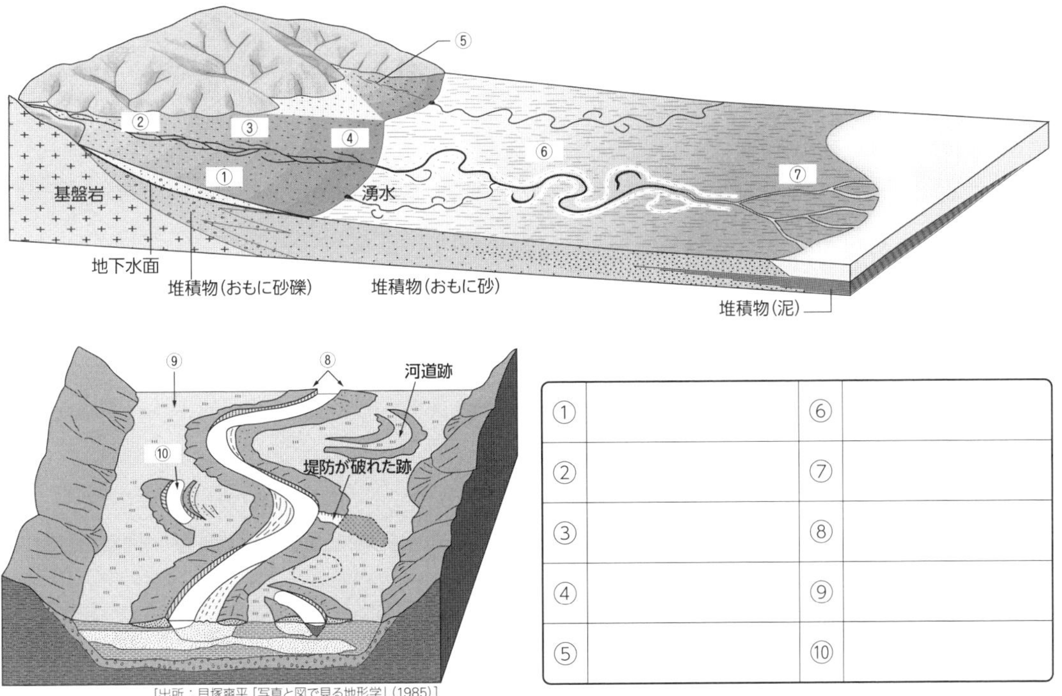

[出所：貝塚爽平「写真と図で見る地形学」(1985)]

①		⑥	
②		⑦	
③		⑧	
④		⑨	
⑤		⑩	

Memo

2 気候と生活文化（1）

Basic

1 大気の循環

a. 気候とは何か
・気候：１年周期で繰り返される大気の状態のこと
・（①＿＿＿＿＿）：気温・降水量・風など
・（②＿＿＿＿＿）：緯度・標高・海陸分布・地形など

b. 地球をめぐる大気の循環

名　称	緯　度	特　　　徴
（③＿＿＿＿＿）	赤道付近	④から吹き出す（⑤＿＿＿＿＿）が集まり，湿った空気が上昇気流となり降水量が多い
（④＿＿＿＿＿）	20 ～ 30 度付近	下降気流が卓越し，乾燥する。高緯度側に（⑥＿＿＿＿＿）を吹き出す
亜寒帯低圧帯	60 度付近	⑥と極東風（きょくとうふう）がぶつかり，寒帯前線が発生し，降水量が多くなる
極高圧帯	極付近	極東風が吹き出す

c. 気候の季節変化
・亜熱帯高圧帯：（⑦＿＿＿＿＿）となり降水量は少ない
・熱帯収束帯・寒帯前線：（⑧＿＿＿＿＿）となり降水量は多い
・夏は高緯度側，冬は低緯度側に移動　→　高圧帯に入る（乾季（かんき））・低圧帯に入る（雨季（うき））

2　気候の地域性

a. 海流と気候／ b. 季節風と熱帯低気圧
・海流：海洋表層の大きな流れ。熱を運び，気候に影響
・暖流（だんりゅう）：低緯度 → 高緯度，寒流（かんりゅう）：高緯度 → 低緯度
　・ヨーロッパでは暖流の影響で高緯度でも温暖，ノルウェーに（⑨＿＿＿＿＿）
　・寒流の影響で上昇気流が発生しにくく（⑩＿＿＿＿＿）ができるところもある
・（⑪＿＿＿＿＿）：夏：海洋 → 大陸　　冬：大陸 → 海洋

c. 海洋性気候と大陸性気候
・内陸部は（⑫＿＿＿＿＿）となり，気温の年較差・日較差ともに大きい

d. 西岸気候と東岸気候
・（⑬＿＿＿＿＿）：中緯度では上空の偏西風の風上（かざかみ）が海洋のため，温和な気候に
・（⑭＿＿＿＿＿）：風上の大陸や低緯度側の高温な海洋の影響で，気温の年較差大

3　ケッペンの気候区分

・ケッペン：（⑮＿＿＿＿）に着目して世界の気候を区分
　樹木気候　：低緯度から，（⑯＿＿＿＿＿）・（⑰＿＿＿＿＿）・（⑱＿＿＿＿＿）
　無樹木気候：（⑲＿＿＿＿＿）：中緯度の大陸内陸部や大陸西岸
　　　　　　　（⑳＿＿＿＿＿）：⑱よりも高緯度側

Words
亜寒帯(D)　亜熱帯高圧帯　温帯(C)　海岸砂漠　下降気流　乾燥帯(B)　寒帯(E)　気候因子
気候要素　季節風　上昇気流　植生　西岸気候　大陸性気候　東岸気候　熱帯(A)　熱帯収束帯
不凍港　偏西風　貿易風

Work & Challenge

課題 A　次の表を見て，東京とパース（オーストラリア）の雨温図を完成させよう。

都市名（標高）	経度／緯度	1月	2月	3月	4月	5月	6月	7月	8月	9月	10月	11月	12月	全年	単位
東京（25.2m）	35°41′N	*5.4*	6.1	9.4	14.3	18.8	21.9	25.7	**26.9**	23.3	18.0	12.5	7.7	15.8	℃
	139°45′E	59.7	*56.5*	116.0	133.7	139.7	167.8	156.2	154.7	224.9	**234.8**	96.3	57.9	1598.2	mm
パース（20.4m）	32°04′S	20.4	24.7	**24.8**	22.9	19.7	16.2	13.9	*13.0*	13.4	14.6	17.1	20.1	22.8	℃
	115°58′E	15.2	16.6	17.6	30.0	79.8	124.7	**137.1**	120.6	77.7	33.3	28.9	*9.3*	690.8	mm

（各都市の上段は気温，下段は降水量，**太字**は最高値，*斜体*は最低値）　［気象庁資料（世界気候表 1991-2020）］

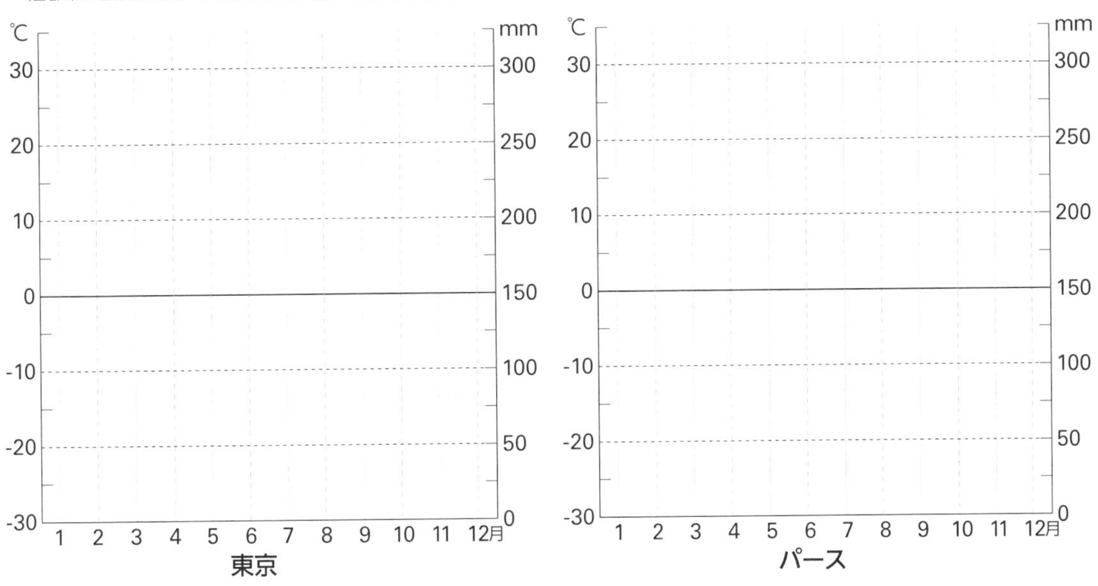

課題 B　大気大循環の模式図中の①～④に当てはまる名称を答えよう。

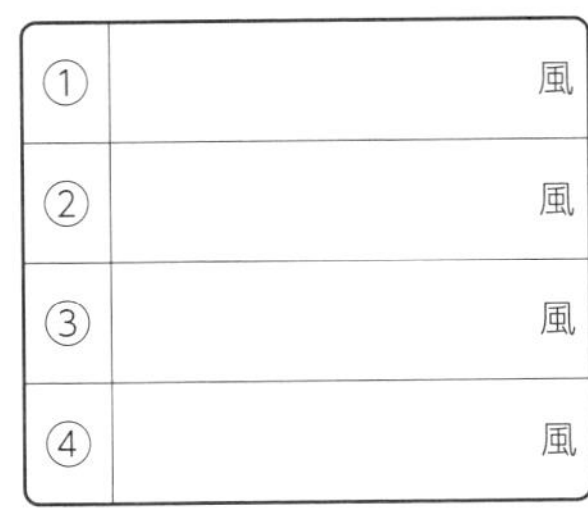

①	風
②	風
③	風
④	風

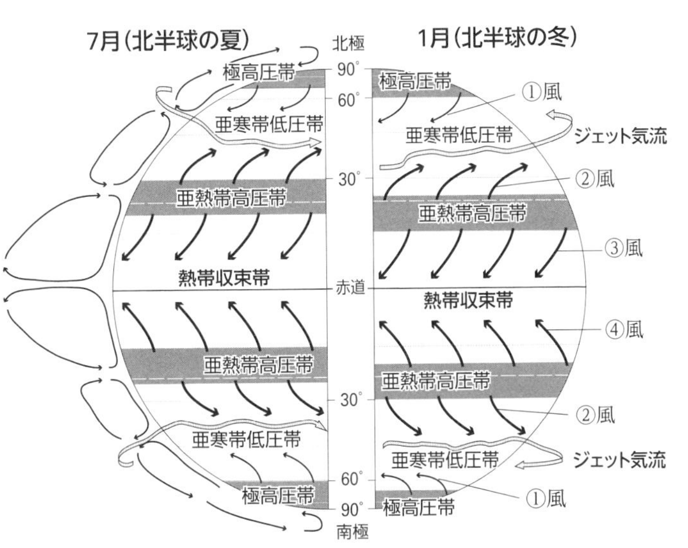

Memo

2 気候と生活文化 (2)

Basic

4　熱帯の自然環境と生活

a. 熱帯気候の特徴

・気温は１年を通して高温，年較差が小さい

・(①＿＿＿＿＿) の影響で降水量も多く湿度も高い　→　(②＿＿＿＿＿) の家屋

・沿岸部の汽水域(きすいいき)では (③＿＿＿＿＿) が広がる海岸もみられる

b. 熱帯雨林気候 (Af・Am)

・熱帯雨林気候 (Af)：赤道直下に分布し，１年中高温で雨が多く湿度が高い

・(④＿＿＿＿＿) が生育する熱帯雨林がひろがる

・弱い乾季のある熱帯雨林気候 (Am)：熱帯雨林周辺で (⑤＿＿＿＿＿) の影響を受ける

・熱帯雨林が広がるが，乾季に落葉する落葉広葉樹もみられる

c. サバナ気候 (Aw)：熱帯雨林気候の周辺に分布

・(⑥＿＿＿＿＿) の南北移動により雨季と乾季がはっきりとしている

・背丈(せたけ)の高い草原と疎林(そりん)からなる (⑦＿＿＿＿＿) がひろがる

d. 暑さに耐える生活の工夫

・鉄分の多いやせた赤色土壌　→　(⑧＿＿＿＿＿) による土壌改良

・(⑨＿＿＿＿＿) による商品作物栽培の地域もある

・衣類は，麻(あさ)や絹(きぬ)，綿を素材にゆったりとしたものを着用

5　乾燥帯の自然環境と生活

a. 乾燥帯気候の特徴

・世界の陸地の１／４を占める。気温の日較差が大きい

・砂漠：大陸の西岸で寒流が流れる：(⑩＿＿＿＿＿)

・亜熱帯高圧帯の影響を受ける大陸内部：内陸砂漠

b. 砂漠気候 (BW)：年降水量が非常に少なく砂漠が形成される

・(⑪＿＿＿＿＿) とよばれる水無川(みずなしがわ)が形成　→　(⑫＿＿＿＿＿) では植物が生育

・(⑬＿＿＿＿＿)：外洋に流れ出ることのない河川

・(⑭＿＿＿＿＿)：湿潤地域や山岳氷河から乾燥地域に流れ込む河川

・(⑫) や (⑮＿＿＿＿＿)・フォガラなどの地下用水路の末端に集落が形成

c. ステップ気候 (BS)：砂漠気候の周囲に分布し，雨季と乾季がみられる

・低緯度側：熱帯収束帯の影響で雨季，サハラ砂漠南側の (⑯＿＿＿＿＿) など

・高緯度側：寒帯前線帯の影響で雨季

・モンゴルから中央アジアの (⑰＿＿＿＿＿) とよばれる草原

・北アメリカの (⑱＿＿＿＿＿)，南アメリカの (⑲＿＿＿＿＿) など

d. 乾燥地域での生活の工夫

・大規模な灌漑(かんがい)農業：乾季に枯れた草の養分を利用

・(⑳＿＿＿＿＿)：水や草を求めて家畜を移動，モンゴルではゲルとよばれる移動式住居

Words

オアシス　海岸砂漠　外来河川　カナート　乾燥パンパ　季節風　グレートプレーンズ
サバナ　サヘル　常緑広葉樹　ステップ　高床式　内陸河川　熱帯収束帯　熱帯低気圧
プランテーション　マングローブ　焼畑　遊牧　ワジ

Work & Challenge

課題 A　下の気候表の①～⑤の気候区を判別し，記号とともに答えよう。また，①～⑤に当てはまる都市を地図の「あ」～「お」の中から探そう。

		1月	2月	3月	4月	5月	6月	7月	8月	9月	10月	11月	12月	全年
①	月平均気温 (℃)	22.8	**23.6**	23.1	21.1	19.2	17.9	17.3	*16.5*	16.7	17.6	19.0	20.8	19.6
	月降水量 (mm)	0.1	**0.5**	0.3	0.1	0.1	*0.0*	0.1	0.1	**0.5**	*0.0*	0.1	0.2	2.1
②	月平均気温 (℃)	*26.8*	27.3	27.9	28.2	**28.6**	28.5	28.2	28.1	28.0	27.9	27.2	*26.8*	27.8
	月降水量 (mm)	221	*104.9*	151.1	164.0	164.3	136.5	144.9	148.8	133.4	166.5	254.2	**333.1**	2122.7
③	月平均気温 (℃)	27.6	28.7	29.8	**30.8**	30.5	29.8	29.3	29.1	28.7	28.5	28.4	*27.4*	29.1
	月降水量 (mm)	24.2	19.4	53.6	92.7	215.4	209.9	182.9	212.0	**343.6**	304.0	46.5	*13.5*	1717.7
④	月平均気温 (℃)	*25.0*	28.1	31.9	**33.5**	32.3	30.1	27.7	26.7	27.5	29.4	28.3	25.7	28.9
	月降水量 (mm)	0.1	0.6	3.0	23.2	53.6	85.3	201.5	**219.1**	141.7	35.0	0.5	*0.0*	763.6
⑤	月平均気温 (℃)	**29.8**	28.5	25.8	21.2	15.8	12.3	*12.2*	14.8	20.2	23.5	26.4	28.2	21.6
	月降水量 (mm)	**49.3**	41.4	19.1	11.5	17.5	10.3	13.0	*4.0*	7.7	19.7	32.6	41.0	267.1

(数値は 1991 ～ 2020 年の平年値，**太字**は最高値，*斜体*は最低値)　　[気象庁資料 (世界気候表 1991-2020) ほか]

	気候名	地図中の位置
①		
②		
③		

	気候名	地図中の位置
④		
⑤		

Memo

2 気候と生活文化 (3)

教科書 p.70 ～ 73

Basic

6　温帯の自然環境と生活

a. 温帯気候の特徴：低緯度の暖気と高緯度の寒気の両方の影響を受ける

b. 地中海性気候 (Cs)：中緯度の大陸西岸にみられる

・夏は (①＿＿＿＿＿＿) に覆われ高温・乾燥，冬は降水量が多くなる

・(②＿＿＿＿＿＿)：オリーブやぶどうなどの樹木性作物，小麦，牧畜の組み合わせ

c. 西岸海洋性気候 (Cfb，Cfc)：温帯の大陸西岸に多くみられる

・ヨーロッパでは暖流が高緯度まで北上し，(③＿＿＿＿) の影響で温和な気候

・小麦・とうもろこしなどの穀物栽培や牧畜，酪農が行われる

d. 温暖湿潤気候 (Cfa)：大陸東岸に分布，日本は北海道をのぞく大部分がこの気候

・夏は季節風や熱帯低気圧の影響で気温が高く，湿気が多くなる

・大陸西岸と比べて気温の年較差が大きい

・(④＿＿＿＿) と呼ばれる常緑広葉樹や冬に落葉する (⑤＿＿＿＿＿) が分布

e. 温帯冬季少雨気候 (Cw)：おもに大陸東岸やサバナ気候地域の高地や高緯度側に分布

・季節風の影響を受け夏は高温な雨季，冬は低温な乾季となる

・アジアではおもに稲作地帯で，年 2 回栽培の (⑥＿＿＿＿) の地域もある

7　亜寒帯・寒帯の自然環境と生活

a. 亜寒帯気候の特徴：高緯度や標高の高い山岳地域に分布

・亜寒帯湿潤気候 (Df)：寒冷で比較的湿潤，(⑦＿＿＿＿) に覆(おお)われる

・亜寒帯冬季少雨気候 (Dw)：ロシアや中国内陸部に分布，
居住地の (⑧＿＿＿＿) がある

b. 寒さに耐える生活の工夫

・広大な針葉樹林を資源に，林業がおもな産業

・春には河川沿いで (⑨＿＿＿＿＿) がおきることもある

・(⑩＿＿＿＿＿) が広く分布　→　ロシアでは集合住宅が (⑪＿＿＿＿) の構造

c. 寒帯気候の特徴

・低温のため，樹木が育たない。地下には (⑩＿＿＿＿＿) がみられ，農業もできない

・ツンドラ気候 (ET)：短い夏にコケ植物や地衣(ちい)類が育つ
トナカイの (⑫＿＿＿＿) や狩猟(しゅりょう)，漁業などが行われる

・氷雪気候 (EF)：一年を通じて雪や氷に閉ざされ，氷が厚く堆積する

d. 極圏の生態系と自然保護

・冬：太陽が地平線に現れない (⑬＿＿＿＿)，夏：一日中太陽が沈まない (⑭＿＿＿＿)

・永久凍土：冬に地面が持ち上がる (⑮＿＿＿＿＿)，夏に地盤沈下がおきたりする

・地球温暖化による (⑯＿＿＿＿) の融解や，生態系への影響が懸念される

Words　亜熱帯高圧帯　永久凍土　寒極　極夜　照葉樹　針葉樹　高床式　地中海式農業　凍上現象　二期作　白夜　氷床　偏西風　融雪洪水　遊牧　落葉広葉樹

Work & Challenge

課題 A　下の気候表の①～⑧の気候区を判別し，記号とともに答えよう。また，①～⑧に当てはまる都市を地図の「あ」～「く」の中から探そう。

		1月	2月	3月	4月	5月	6月	7月	8月	9月	10月	11月	12月	全年
①	月平均気温 (℃)	*5.7*	6.0	8.0	10.5	13.7	16.8	**19.0**	18.7	15.9	12.3	8.5	6.1	11.8
	月降水量 (mm)	59.7	46.6	*41.7*	42.6	46.9	49.7	47.2	57.7	46.1	66.3	**69.3**	59.6	633.4
②	月平均気温 (℃)	*-6.2*	-5.9	-0.7	6.9	13.6	17.3	**19.7**	17.6	11.9	5.8	-0.5	-4.4	6.3
	月降水量 (mm)	53.2	44.0	39.0	*36.6*	61.2	77.4	**83.8**	78.3	66.1	70.1	51.9	51.4	713.0
③	月平均気温 (℃)	**23.5**	23.3	21.9	19.2	16.2	13.9	*13.1*	14.1	16.7	18.8	20.4	22.1	18.6
	月降水量 (mm)	79.3	115.5	94.2	94.4	88.6	**120.4**	67.7	63.9	56.8	*54.7*	70.2	67.3	973.0
④	月平均気温 (℃)	*11.9*	12.8	14.6	15.9	18.5	20.8	22.5	**23.0**	21.5	19.2	15.4	13.3	17.5
	月降水量 (mm)	84.7	62.5	64.4	42.7	16.8	3.4	*0.6*	0.8	12.8	53.6	**91.0**	90.4	523.7
⑤	月平均気温 (℃)	*-17.6*	-14.0	-5.5	3.6	10.4	16.4	**19.0**	16.5	9.5	2.0	-7.9	-15.3	1.4
	月降水量 (mm)	14.6	*9.7*	11.8	21.6	35.2	68.6	**101.4**	96.5	52.6	21.1	20.2	18.5	471.8
⑥	月平均気温 (℃)	*16.1*	*16.8*	19.1	22.7	26.0	28.0	**28.6**	28.4	27.6	25.3	21.9	17.8	23.2
	月降水量 (mm)	32.7	37.0	68.9	138.5	284.8	453.7	382.0	**456.1**	320.6	116.6	39.2	*29.2*	2359.3
⑦	月平均気温 (℃)	15.7	**16.0**	14.7	12.5	10.5	8.3	*7.5*	8.3	9.8	11.1	12.6	14.5	11.8
	月降水量 (mm)	228.6	*184.3*	209.9	224.8	239.3	248.8	202.9	256.7	216.1	272.1	213.7	**277.9**	2775.1
⑧	月平均気温 (℃)	-24.0	*-24.1*	-20.6	-15.3	-7.0	1.1	5.8	**6.0**	2.5	-6.4	-16.4	-21.7	-10.0
	月降水量 (mm)	36.2	32.5	27.5	*21.9*	24.3	28.1	32.2	41.0	**42.3**	37.9	29.4	36.3	389.6

(数値は 1991 ～ 2020 年の平年値，**太字**は最高値，*斜体*は最低値)　　[気象庁資料 (世界気候表 1991-2020) ほか]

	気候名	地図中の位置
①		
②		
③		
④		

	気候名	地図中の位置
⑤		
⑥		
⑦		
⑧		

Memo

3 産業と生活文化

Basic

1　農業の発展と生活文化

a. 農牧業の発達

・(①＿＿＿＿＿＿)：おもに家族により生産し消費する農業
　・(②＿＿＿＿)：森林を伐採して火入れした畑で雑穀(ざっこく)類や芋(いも)類を栽培
　・(③＿＿＿＿＿＿)：乾燥地域の，水を得やすい場所で行う
　・労働集約的農業：集約的稲作，集約的畑作農業 → アジア中心
・(④＿＿＿＿＿＿)：販売を目的とする農業
　・(⑤＿＿＿＿＿＿)：機械化された大規模な農業 → (⑥＿＿＿＿＿＿)
　・(⑦＿＿＿＿＿)：穀物栽培と家畜飼育を組み合わせた農業
　・(⑧＿＿＿＿＿＿)：穀物栽培・家畜飼育に果樹栽培を組み合わせた農業
　・(⑨＿＿＿＿＿)：都市近郊で果物・野菜・花卉(かき)などを栽培

b. 農業の地域性と食文化

・主食の条件：安定して大量に収穫，運搬しやすく貯蔵性に優れていること
　・米：東アジア・東南アジア・南アジアなど　・小麦：ヨーロッパ・西アジアなど

c. グローバル化と技術革新

・(⑩＿＿＿＿＿)：低温処理により冬小麦を春に種まきできるよう改良
・(⑪＿＿＿＿)：オーストラリアでは，乾燥に強い牧草の開発や冷凍輸送船の就航

2　工業の発展と生活文化

a. 産業革命と技術の進化

・(⑫＿＿＿＿＿＿)：手工業から機械工業へ
・20 世紀前半：(⑬＿＿＿＿＿＿＿＿＿)と呼ばれる大量生産方式
・20 世紀後半：生産ラインの自動化による(⑭＿＿＿＿＿＿＿＿)が発展
・21 世紀：ICT の進歩による自動化・省力化，国際分業

b. 工業化による新興国の台頭／ c. 工業発展による生活の変化

・一人当たり(⑮＿＿＿＿＿＿＿＿)：　先進国 ＞ 新興国 ＞ 発展途上国
　↓ 価格競争により工業が先進国から発展途上国に移転
・先進国などでは(⑯＿＿＿＿＿＿＿)が発生，国際競争力が低下

d. 新しい時代の工業

・(⑰＿＿＿＿＿＿＿＿＿)の構造が進化：原材料・中間財・最終財 → 国際分業
・(⑱＿＿＿＿＿＿＿＿)：IoH・IoT が進み，工程に AI を取り入れる

3　商業・サービス業の発展と生活文化

・家計消費の構成割合：先進国ほど消費が多様化して食料品の割合が低下
・(⑲＿＿＿＿＿＿＿＿＿＿)の進展 → 広い商圏(しょうけん)のショッピングセンターが郊外に立地
・個人商店の衰退 → コンビニエンスストアの普及
・(⑳＿＿＿＿＿＿)による通信販売のひろがり，キャッシュレス決済の導入など

Words
園芸農業　オアシス農業　加工組立型工業　企業的農業　工業付加価値額　穀物メジャー
混合農業　産業革命　産業の空洞化　自給的農業　商業的農業　第４次産業革命　地中海式農業
バリューチェーン　春小麦　フォードシステム　モータリゼーション　焼畑　酪農　eコマース

学習した日　　年　　月　　日

Check　Check

Work & Challenge

課題 A　教科書の「農業地域区分と作物の栽培限界」の図をもとに，下の地図を塗り分けよう。また，小麦・ぶどう・バナナ・なつめやしの栽培限界線を赤の蛍光ペンでなぞろう。

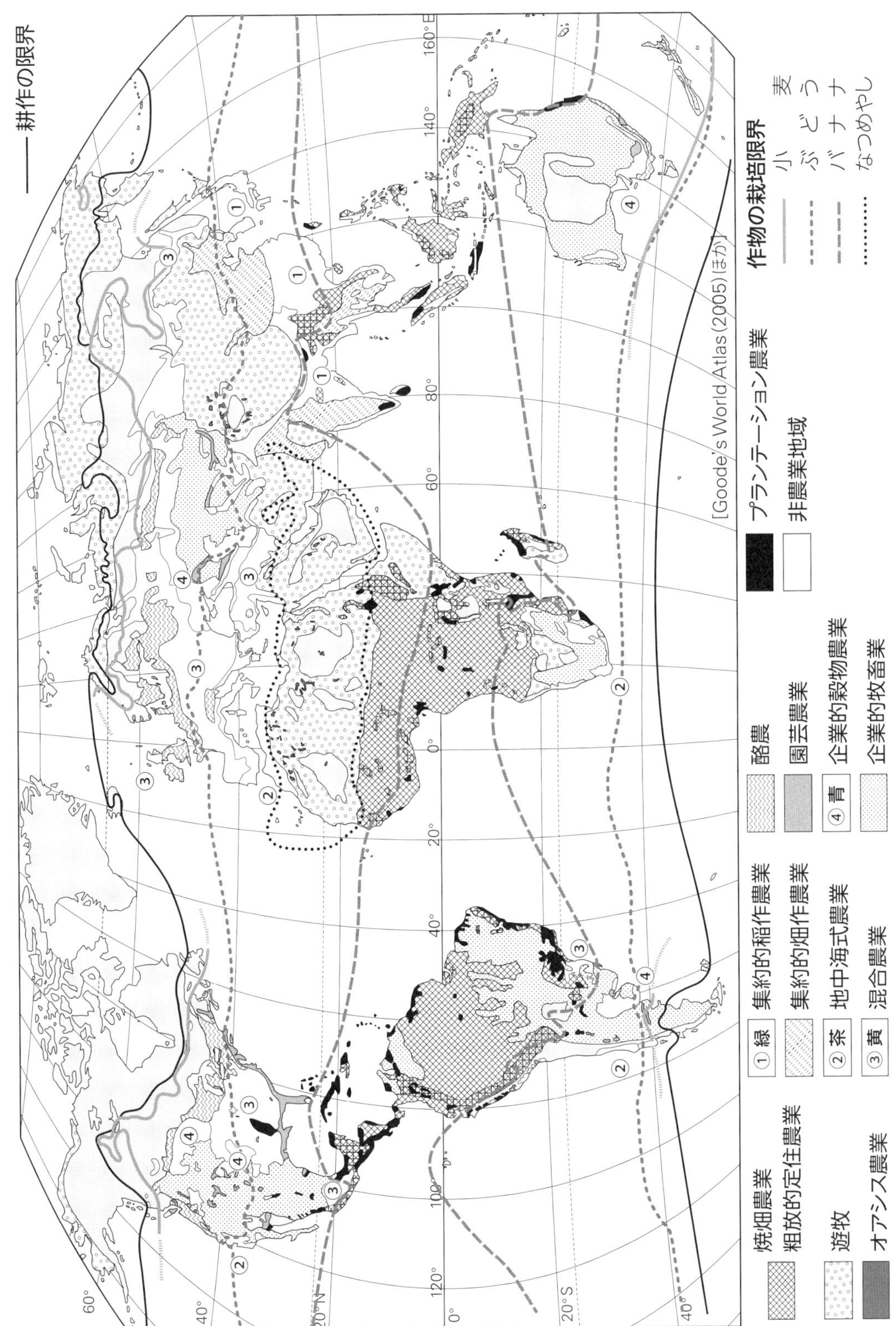

4 宗教・言語と生活文化 (1)

Basic

1 宗教の分布と生活文化

a. 世界宗教

・(①＿＿＿＿＿＿) : ヨーロッパや南北アメリカに多くの信者をもつ

→(②＿＿＿＿＿＿)・(③＿＿＿＿＿＿)・(④＿＿＿＿＿) の三派に分かれる

・(⑤＿＿＿＿＿＿) : 西アジアを中心に北アフリカ・東南アジアで信者が多い

・サウジアラビアの (⑥＿＿＿＿＿) を聖地とする

・(⑦＿＿＿＿＿＿) : 東南アジア・東アジアを中心に信者がみられる

b. 民族宗教

・(⑧＿＿＿＿＿＿) : インドが中心, 民族宗教として最も信者が多い

・(⑨＿＿＿＿＿＿) : キリスト教・イスラームの母体, ユダヤ人が信仰

聖地 (エルサレム) はキリスト教・イスラームの聖地でもある

・日本の (⑩＿＿＿＿), 中国・朝鮮半島の (⑪＿＿＿＿)・儒教(じゅきょう)など

c. 宗教と生活文化

・キリスト教の (③)・(④)

・(⑫＿＿＿＿) (日曜日) に教会で礼拝(れいはい)

・(⑬＿＿＿＿＿) (土曜日) は何もしてはならない

→日曜日と土曜日に休む習慣は世界的に広がっている

・生活規範が厳格に守られる地域と個人の自由に任される地域がある

2 言語の分布と生活文化

a. 言語と生活の関わり

・国民全体の意思疎通をはかるため, (⑭＿＿＿＿＿) が定められている

・世界の言語 : 単語や文法が似ている複数の言語は (⑮＿＿＿＿) にまとめられる

b. 少数言語の保護

・(⑯＿＿＿＿) : 日常生活で用いる言語→(⑭＿＿＿＿＿) が違う場合がある

・少数言語や方言の衰退 → 共通語の発達

・ユネスコは消滅危機言語を調査・分類し, その維持と復興に取り組む

c. 民族と生活文化

・(⑰＿＿＿＿) : 言語・宗教・生活習慣など, 共通した文化的特徴を持つ人々の集団

→人々の (⑱＿＿＿＿＿＿) が民族のまとまりの重要な要素

d. 少数民族

・全ての国民が一つの民族に属する単一民族国家は存在しない

・先住民族を含む少数民族は権利や独自性を守ることが困難

・異なる文化を互いに認め合う (⑲＿＿＿＿＿＿) の考え方のもと

(⑳＿＿＿＿＿＿＿) を実現することが求められる

Words

安息日　イスラーム　カトリック　帰属意識　キリスト教　公用語　語族　主日　神道
正教会　多文化共生社会　多文化主義　道教　ヒンドゥー教　仏教　プロテスタント　母語
民族　メッカ　ユダヤ教

学習した日　　年　月　日

Check　Check

Work & Challenge

課題 A　次の世界の宗教分布図の，キリスト教のカトリック，イスラームのスンナ派，大乗仏教，ヒンドゥー教の地域に，下の凡例にしたがってそれぞれ着色しよう。

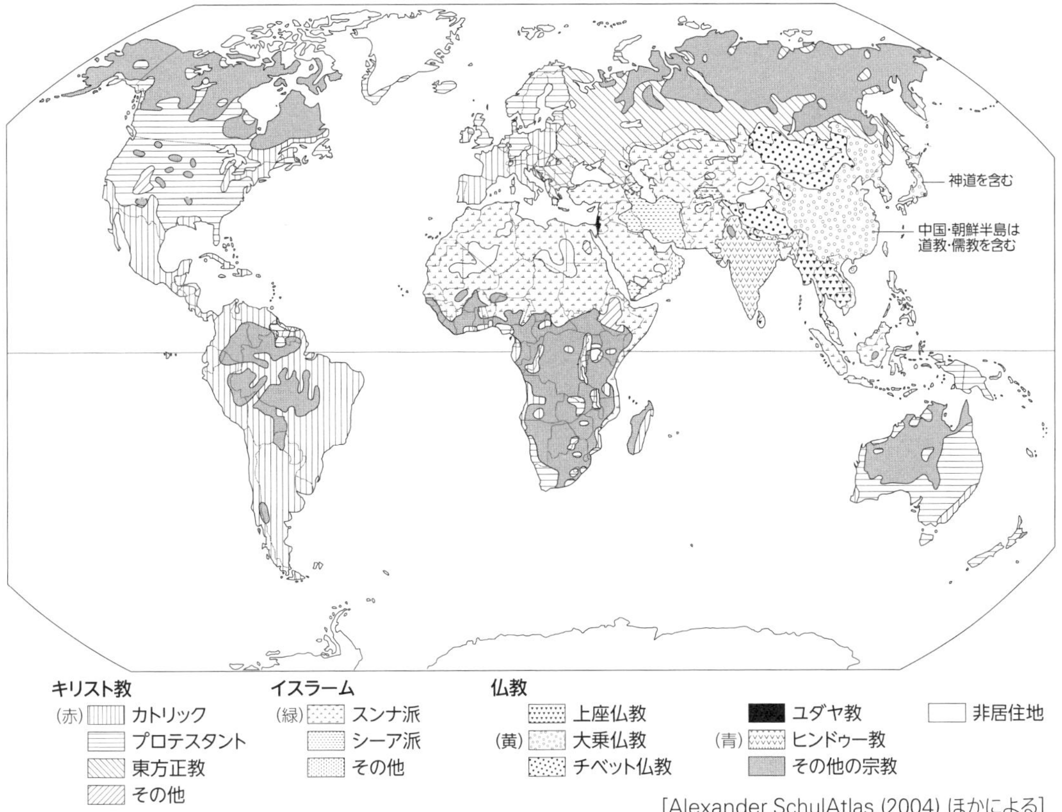

[Alexander SchulAtlas (2004) ほかによる]

課題 B　次の表は言語別に 1 ～ 5 の数詞をどう表すか示したものである。A ～ E に類似する言語をそれぞれ選び，記号の空欄に似た言語 A ～ E の記号を記入しよう。

言語	記号	1	2	3	4	5
ウズベク語	A	bir	ikki	uch	to'rt	besh
マオリ語	B	tahi	rua	toru	whā	rima
イタリア語	C	uno	due	tre	quattro	cinque
ドイツ語	D	eins	zwei	drei	vier	fünf
ウクライナ語	E	odÿn	dva	tri	čotÿry	pyat'
ハワイ語		'e-kahi	'e-lua	'e-kolu	'e-hā	'e-lima
ロシア語		odín	dva	tri	četÿre	pyat'
オランダ語		een	twee	drie	vier	vijf
スペイン語		uno	dos	tres	cuatro	cinco
トルコ語		bir	iki	üç	dört	beş

（全ての言語をラテン文字で表記，https://www.zompist.com/numbers.shtmlによる）

Memo

4 宗教・言語と生活文化 (2)

Basic

3　移民と難民

a. 国を離れる人々

・(①＿＿＿＿)：教育や労働の機会を求めて，生まれた国を離れて外国に移る人
→送出国と受入国との間の，経済的，社会的な結びつきを強くしている

b. 移住先での問題

・正式な手続きを経ずに入国する (②＿＿＿＿) の増加
・アメリカには，メキシコなどのラテンアメリカから流入
　・言語や文化の違い，収入の格差から社会に溶け込めない人々も多い
　・低賃金による不法就労が問題 → EU では最低賃金保証制度が 2022 年に合意

c. 世界の難民問題

・(③＿＿＿＿)：民族，宗教，国籍や，政治的意見などを理由に迫害を受けるおそれがあり，国籍のある国を離れて外国に移らざるをえない人々
　・西アジア・北アフリカ・サハラ以南のアフリカ → ヨーロッパへ
　・ミャンマーの少数民族 (④＿＿＿＿)，ウクライナ紛争など
　　→ 紛争の長期化による避難生活

d. 難民の保護に関する課題

・(⑤＿＿＿＿) (国連難民高等弁務官事務所)
難民の生活や自国への帰還を支援する国際組織
・日本も (⑥＿＿＿＿) により難民認定制度を設けているが，課題も多い

4　生活文化の多様性

a. 画一化と多様化

・生活文化：経済の (⑦＿＿＿＿) と情報化の進展により (⑧＿＿＿＿) が進む
・ファストフードや (⑨＿＿＿＿) → 一定水準のサービスを提供
・先進国では，個人のライフスタイルが尊重され，生活文化は (⑩＿＿＿＿) している

b. 音楽・スポーツの国際化

・グローバル化や情報化の進展 →(⑪＿＿＿＿) やスポーツの国際化
　・日本のアニメや音楽がインターネットを通して世界中で親しまれる
　・柔道はオリンピックやパラリンピックの種目にも採用されている

c. 多文化共生に向けて

・日本では外国人観光客の増加，留学生や外国人労働者の受け入れ
・(⑫＿＿＿＿) を実現するには，「内なる国際化」が求められる
　・社会的少数者である (⑬＿＿＿＿) の人権の尊重，相互理解を深めていくことが大切

Words　移民　画一化　グローバル化　大衆文化　多文化共生社会　多様化　難民　難民条約　ファストファッション　不法移民　マイノリティ　ロヒンギャ　UNHCR

Work & Challenge

課題A　次の表を見て，後の世界地図に，例（アメリカ）に従って移民送出国からドイツ，サウジアラビア，ロシアへの矢印を引いて表そう（受入国ごとに色を変えて表そう）。

受入国	①アメリカ		②ドイツ		③サウジアラビア		④ロシア		⑤イギリス		⑥アラブ首長国連邦	
	総数	5066	総数	1313	総数	1312	総数	1164	総数	955	総数	859
送出国	メキシコ	1149	ポーランド	178	インド	244	ウクライナ	327	インド	92	インド	342
	中国	290	トルコ	153	インドネシア	167	カザフスタン	256	ポーランド	91	バングラデシュ	108
	インド	266	ロシア	100	パキスタン	145	ウズベキスタン	115	パキスタン	61	パキスタン	98
	フィリピン	205	カザフスタン	94	バングラデシュ	125	アゼルバイジャン	77	アイルランド	44	エジプト	89
	プエルトリコ	183	シリア	59	エジプト	94	ベラルーシ	76	ドイツ	35	フィリピン	56

受入国	⑦フランス		⑧カナダ		⑨オーストラリア		⑩イタリア		⑪スペイン		⑫トルコ	
	総数	833	総数	796	総数	755	総数	627	総数	610	総数	588
送出国	アルジェリア	158	インド	71	イギリス	126	ルーマニア	107	モロッコ	71	シリア	374
	モロッコ	102	中国	69	中国	64	アルバニア	48	ルーマニア	62	ブルガリア	65
	ポルトガル	69	フィリピン	63	ニュージーランド	60	モロッコ	45	エクアドル	42	ドイツ	37
	チュニジア	43	イギリス	53	インド	57	ウクライナ	25	コロンビア	37	イラク	23
	イタリア	34	アメリカ	27	フィリピン	28	中国	23	イギリス	30	北マケドニア	20

（1990～2019年の累計，単位：万人）　[UN International Migrant Stock]

課題B　移民の送出国と受入国の間にはどのような関係があるか，①～⑫の送出国から一つを選び，地理的観点・歴史的観点・経済的観点から調べ，まとめてみよう。

Memo

1 経済発展と生活文化の変化～東アジア (1)

Basic

1 経済発展を支える自然・農業と生活文化

a. 地形…東アジアの地形は，大まかに西部では高く，東部は低くなっている

・中国の南西部… (①＿＿＿＿＿＿) や (②＿＿＿＿＿＿) が広がっている

・これらを源流に，(③＿＿＿＿) や長江（ちょうこう）などの大河川が西から東へ流れる

・中国の中央部…黄土（こうど）高原や (④＿＿＿＿) 盆地が広がっている

b. 気候…南部は温帯 (C) に属している

・乾燥帯 (B)：中国内陸部やモンゴル

・亜寒帯 (D)：中国の東北地方，朝鮮半島の北部・内陸部

・(⑤＿＿＿＿＿＿＿＿)：中国南部，朝鮮半島南部

・(⑥＿＿＿＿＿＿＿＿)：中国や朝鮮半島の沿岸部

c. 農業…米，小麦，とうもろこしの生産が中心である

・(⑦＿＿＿＿＿＿＿＿) ＝年降水量 1000 mm の境界線とほぼ一致

	降水量	気温	栽培される作物
北側	(⑧＿＿＿＿)	低い	(⑩＿＿＿＿) や (⑪＿＿＿＿＿＿)
南側	(⑨＿＿＿＿)	高い	(⑫＿＿＿＿)

→温暖な中国南部の地域では，気候の特徴を活かし，

1 年に同じ農地で 2 回育てる稲の (⑬＿＿＿＿) を行っている

d. 東アジアの食文化

・(⑭＿＿＿＿) 料理…肉まんや麺類など小麦を使った料理

・上海（シャンハイ）料理・広東（カントン）料理… 沿岸部にあたるため (⑮＿＿＿＿) が豊富で，
温暖なため野菜をふんだんに使っている

・(⑯＿＿＿＿) を用いた料理

・中国の (④＿＿＿＿) 料理…麻婆豆腐（マーボーどうふ）など，高温多湿な気候下で食欲を増進

・朝鮮半島のキムチ…朝鮮半島では冬の寒さが厳しいため，
(⑰＿＿＿＿) として白菜や大根などの野菜が漬（つ）け込まれる

e. 経済発展による農業の変化

・(⑱＿＿＿＿)：資産が 1 億元（げん）をこえる富裕層，沿岸部や大都市を中心に増加

・農作物の貿易の増加

・輸出：日本や韓国，東南アジア向けの野菜や花卉（かき）

・輸入：富裕層向けの日本産の高品質な野菜や果物など

・(⑲＿＿＿＿＿＿)：多収量品種，農業技術の発展により南部で増加
大量の (⑳＿＿＿＿＿) を必要とするなど，問題も多い

Words 多い　億元戸　温帯冬季少雨気候 (Cw)　温暖湿潤気候 (Cfa)　海産物　化学肥料　黄河　小麦　米　四川　少ない　チベット高原　チンリン・ホワイ線　唐辛子　とうもろこし　二期作　ハイブリッド米　ヒマラヤ山脈　北京　保存食

学習した日　　年　　月　　日

Check　Check

課題 A　次の図中①～⑨の山脈・高原・砂漠・川の名称を調べて記入しよう。

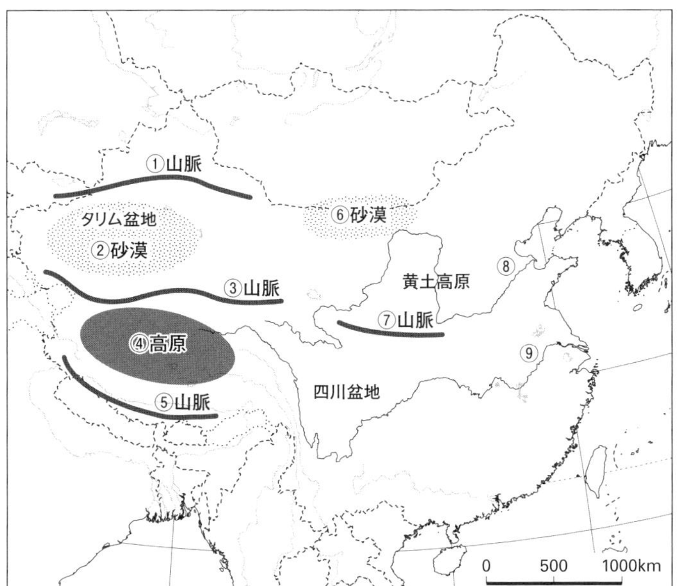

①	山脈
②	砂漠
③	山脈
④	高原
⑤	山脈
⑥	砂漠
⑦	山脈
⑧	
⑨	

課題 B　地図帳や教科書を参考に，以下の問いに答えよう。

(1)　次の図中①～⑤に当てはまる朝鮮半島の山脈名と河川名を記入しよう。

(2)　次の図中あ～きに当てはまる朝鮮半島の都市名を記入しよう。

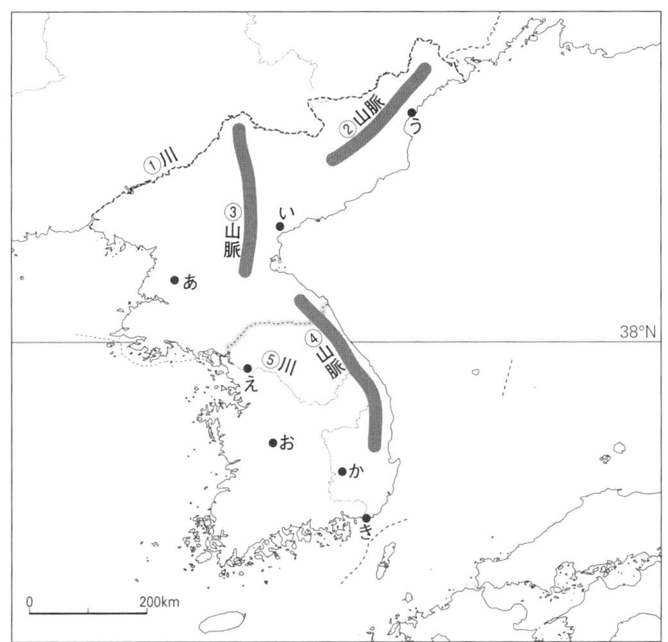

①	川
②	山脈
③	山脈
④	山脈
⑤	川

あ	
い	
う	
え	
お	
か	
き	

Memo

1 経済発展と生活文化の変化～東アジア (2)

Basic

2 市場経済化と生活文化の変化～中国

a. 工業化と経済発展／ b. 世界の工場から世界の市場へ

・(①＿＿＿＿＿＿＿＿)：共産党による政治体制を維持したまま市場経済を導入

・(②＿＿＿＿＿＿)：外国企業を誘致するための拠点として華南(かなん)の沿岸部に設置

・(③＿＿＿＿＿＿＿＿)：国内外の輸出企業と先端技術産業を誘致するために経済特区に準ずる優遇措置を実施している地域

・(④＿＿＿＿＿)（世界貿易機関）：中国は 2001 年に加盟→外国企業の進出が加速

→(⑤＿＿＿＿＿＿＿)とよばれるようになり，新興国 (⑥＿＿＿＿＿＿)の一角に

・所得が向上したため，国内市場を狙った企業進出が続いた

→中国は (⑤＿＿＿＿＿＿＿) から (⑦＿＿＿＿＿＿＿) へ

c. 人口構造／ d. 経済発展に伴う課題

・(⑧＿＿＿＿＿＿＿)：人口増加による食料問題に対応するために実施

→近年は (⑨＿＿＿＿＿＿＿) が減少に転じ，急速な高齢化が懸念

2016 年には二人目，2021 年には三人目の出産が認められた

→2022 年からは人口減少がはじまった

・中国の発展：沿岸部から始まり，農村へ

・(⑩＿＿＿＿＿＿)：農村の町，村，農民が設立した企業で経済発展に貢献

・(⑪＿＿＿＿＿＿)：沿岸部と内陸部の格差解消のために実施

3 輸出による発展と生活文化の変化～韓国

a. 工業化と経済発展／ b. 経済活動を支えるインフラ

・1950 年代：(⑫＿＿＿＿＿＿＿) …輸出指向型の (⑬＿＿＿＿＿) が発展

・1970 年代以降：政府主導で (⑭＿＿＿＿＿＿＿) 化が推進され，飛躍的に成長

→鉄鋼，造船，自動車工業などが発達し，(⑮＿＿＿＿＿＿＿＿) の一角に

・(⑯＿＿＿＿＿＿＿)：1970 年に提唱された農村の近代化運動

・2000 年代以降：スマートフォンや液晶テレビなどの (⑰＿＿＿＿＿＿) が発展

・韓国は国内市場が小さく国外への輸出に依存 → 空港や港湾が重要なインフラに

・(⑱＿＿＿＿＿＿)：仁川(インチョン)国際空港 … 国際航空路線の結節点

c. 独自の文化とコンテンツ産業／ d. 経済発展に伴う課題

・音楽，ドラマ，映画，ゲームなどの (⑲＿＿＿＿＿＿＿＿＿) の輸出が増加

→テレビドラマをきっかけに韓流(ハンりゅう)ブームが到来

・韓国の課題：輸出依存度の高さ，所得格差，就職難などが低所得の原因に

→少子化：(⑳＿＿＿＿＿＿＿＿＿) は世界でも最低の水準

Words アジア NIEs　軽工業　経済技術開発区　経済特区　合計特殊出生率　郷鎮企業　コンテンツ産業　社会主義市場経済　重化学工業　生産年齢人口　西部大開発　「世界の工場」　「世界の市場」　セマウル運動　電子工業　ハブ空港　漢江の奇跡　一人っ子政策　BRICS　WTO

Work & Challenge

課題 A　次の地図中A～Eは，中国の経済特区である。A～Eに当てはまる都市・省の名称を，地図帳を参考にして語群から選んで書き入れよう。

課題 B　教科書 p.95 図6を参考に，1人当たり省別総生産の値が7万元を上回る地域を赤，4万元を下回る地域を青で塗ってみよう。

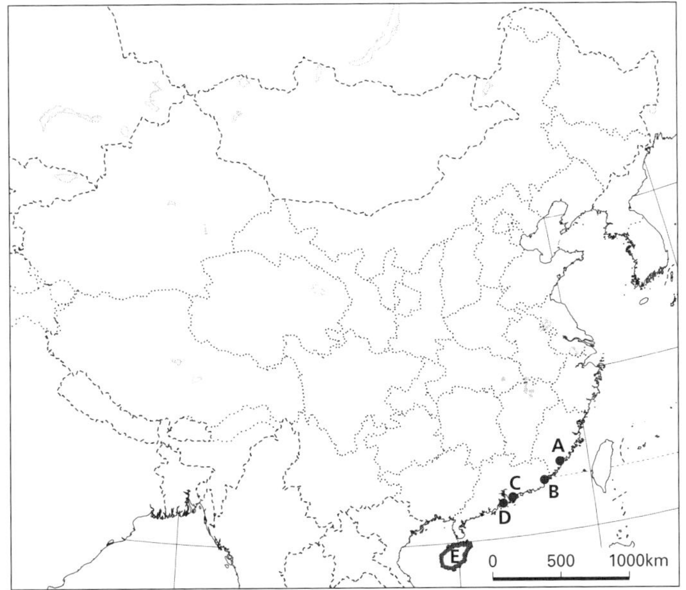

A	
B	
C	
D	
E	省

【語群】
アモイ（厦門）
シェンチェン（深圳）
スワトウ（汕頭）
チューハイ（珠海）
ハイナン（海南）

課題 C　次のハングル表を参考にして，下の料理名をカタカナで答えよう。

(1)　野菜を唐辛子やニンニクなどの薬味と合わせた漬け物…（　　　　　）

(2)　牛のあばら骨のまわりの肉…（　　　　　）

(1) 김치

(2) 갈비

母音	子音	ㄱ	ㄴ	ㄷ	ㄹ	ㅁ	ㅂ	ㅅ	ㅇ	ㅈ	ㅊ	ㅋ	ㅌ	ㅍ	ㅎ
	語頭	k	n	t	r	m	p	s		ʧ	$ʧ^{ɦ}$	$k^{ɦ}$	$t^{ɦ}$	$p^{ɦ}$	h
	語中	g		d			b	ʃ(i)		ʤ					
	音節末	k		t	l		p	t	ŋ	t	t	k	t	p	t
ㅏ	a	가	나	다	라	마	바	사	아	자	차	카	타	파	하
ㅑ	ja	갸	냐	댜	랴	먀	뱌	샤	야	쟈	챠	캬	탸	퍄	햐
ㅓ	ɔ	거	너	더	러	머	버	서	어	저	처	커	터	퍼	허
ㅔ	jɔ	게	네	데	레	메	베	세	에	제	체	케	테	페	헤
ㅗ	o	고	노	도	로	모	보	소	오	조	초	코	토	포	호
ㅛ	jo	교	뇨	됴	료	묘	뵤	쇼	요	죠	쵸	쿄	툐	표	효
ㅜ	u	구	누	두	루	무	부	수	우	주	추	쿠	투	푸	후
ㅠ	ju	규	뉴	듀	류	뮤	뷰	슈	유	쥬	츄	큐	튜	퓨	휴
ㅡ	ɯ	그	느	드	르	므	브	스	으	즈	츠	크	트	프	흐
ㅣ	i	기	니	디	리	미	비	시	이	지	치	키	티	피	히

Memo

1 経済発展と生活文化の変化～東アジア (3)

教科書 p.98 ～ 99

Basic

4　経済発展による変化と課題

a. 国際関係

・中国の (①＿＿＿＿＿＿＿＿) …2010 年に日本を抜いて世界第 2 位

・(②＿＿＿＿＿) : 2013 年に提唱された広域経済圏構想
(中央アジア，インド洋沿岸，東ヨーロッパなど)

・港湾，道路，鉄道などのインフラ整備のために，
(③＿＿＿＿＿＿＿＿＿＿) (AIIB) を通じた融資
→政治的・経済的な圧力が強まる懸念

・対アメリカ：アメリカ側の (④＿＿＿＿＿) が拡大し，対立が生じている

b. 日・中・韓の貿易構造

・中国は，日本や韓国から (⑤＿＿＿＿) を輸入し，(⑥＿＿＿＿＿) を生産・輸出

・(⑤＿＿＿＿) : 原料が完成品になるまでの間に作られる中間的な生産物

・(⑥＿＿＿＿＿) : 自動車などの完成品として消費されるもの

・2022 年に RCEP(アールセップ) (地域的な包括的経済連携) 協定が発効
→工業製品を中心に日中韓での貿易自由化が進展

・日本と韓国は，中国経済への依存度が高まっている

c. 訪日観光の動向

・(⑦＿＿＿＿＿＿) 旅行客の増加
→背景：日本政府による (⑧＿＿＿＿＿＿) 発給の条件緩和，
(⑨＿＿＿＿＿＿＿＿＿) の路線拡張など

・中国人旅行客が化粧品や電化製品などを大量に購入する (⑩＿＿＿＿) が注目
→新型コロナウイルスの影響により中断

・近年は，中国国内からの (⑪＿＿＿＿＿) が増加

d. ICT の発達による消費の変化

・技術革新による購入手段の変化

・インターネットによる通信販売＝ e コマース

・スマートフォンによる (⑫＿＿＿＿＿＿＿＿)

・技術革新の拠点 → (⑬＿＿＿＿＿＿＿) が集中

・北京や上海，深圳(シェンチェン)など

・膨大な個人情報を集めた (⑭＿＿＿＿＿＿)
→セキュリティの確保や，扱いをめぐるルール作りが課題

Words
アジアインフラ投資銀行　一帯一路　インバウンド　越境 EC　キャッシュレス決済
最終消費財　中間財　爆買い　ビザ (査証)　ビッグデータ　ベンチャー企業　貿易赤字
GDP (国内総生産)　LCC (格安航空会社)

Work & Challenge

課題 A　教科書 p.91 図❻と p.98 図❷に地名が載っている国を橙色で着色し，シルクロード経済ベルトの線を地図中に書き込もう。

課題 B　教科書 p.98 図❸「日中韓の貿易構造の変化」にある数値を集計し，表にまとめよう。

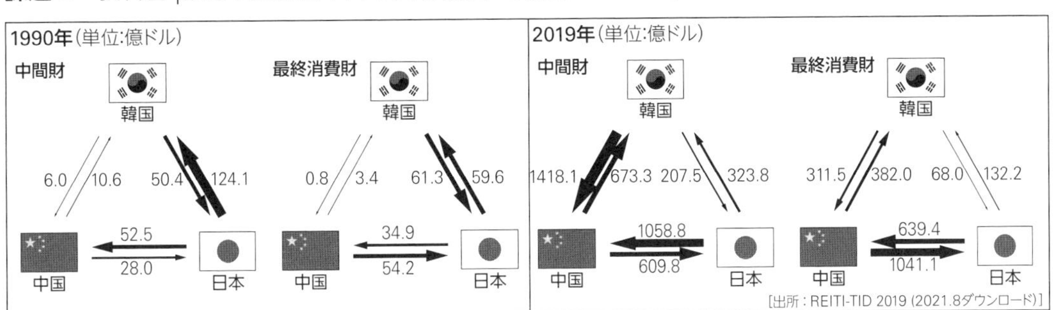

[出所：REITI-TID 2019 (2021.8ダウンロード)]

1990 年	日本	中国	韓国
輸出額 (億ドル)			
輸入額 (億ドル)			
2019 年	**日本**	**中国**	**韓国**
輸出額 (億ドル)			
輸入額 (億ドル)			

Memo

教科書 p.102 ～ 103

2 宗教の多様性と生活文化～ ASEAN 諸国 (1)

Basic

1 多民族社会と ASEAN の統合

a. 歴史的背景

・東南アジア：中国とインドの間にあって，古くから交通の要衝

→周辺地域との (①_______) や移民を通して (②_______) が形成

・宗教

・仏教：インドを起源 → ミャンマー，タイ，(③_______) に広まった

・イスラーム：アラブ人との交易(こうえき)により広まった

→(④_______)，(⑤_______)，ブルネイ

・キリスト教：(⑥_______) との交易や植民地化によって広まった

→フィリピン：(⑦_______) のキリスト教徒が多い。

・(⑧_______)：インド系移民，(⑨_______)：中国系の移民

b. 民族と社会

・主要な民族…平野部に居住，(⑩_______) …山間部に居住

・マレー半島：マレー系などの民族に加えて，

中国系の (⑪_______) やインド系の移民が労働者として流入

・チャイナタウン：バンコク，ジャカルタ，(⑫_______)，マニラなどの大都市

c. 多民族国家の成立

(④_______)	500 以上の言語が日常生活で使われているが，国内で使用者が最も多いジャワ語ではなく，インドネシア語が国語に指定されている。
(⑫_______)	中国系の (⑪_______) が人口の大多数を占める。マレー語が国語で，ほかに英語と中国語，タミル語を合わせて 4 言語を公用語としている。
(⑤_______)	マレー系と中国系住民との所得格差が大きくなったため，雇用や教育面で多数派のマレー系住民を優遇する (⑬_______) を実施した。

d. ASEAN の統合と課題

・1961 年：東南アジア連合として創設

・1967 年：ASEAN(アセアン) (東南アジア諸国連合) に発展

→原加盟国：タイ，フィリピン，

(④_______)，(⑤_______)，(⑫_______)

・現在は 10 か国で構成されている。東ティモールは加盟承認されたが，未加盟

・所得や (⑭_______) の格差が課題

Words インドネシア　華人　カトリック　交易　識字率　少数民族　シンガポール　スペイン　多民族社会　道教　ヒンドゥー教　ブミプトラ政策　マレーシア　ラオス

Work & Challenge

課題 A　地図帳や教科書を参考に，以下の問いに答えよう。

(1)　①～⑩に当てはまる川，島，海，都市名を記入しよう。

(2)　赤道を赤でなぞろう。

(3)　7月のモンスーンの風向きを赤の矢印で記入しよう。

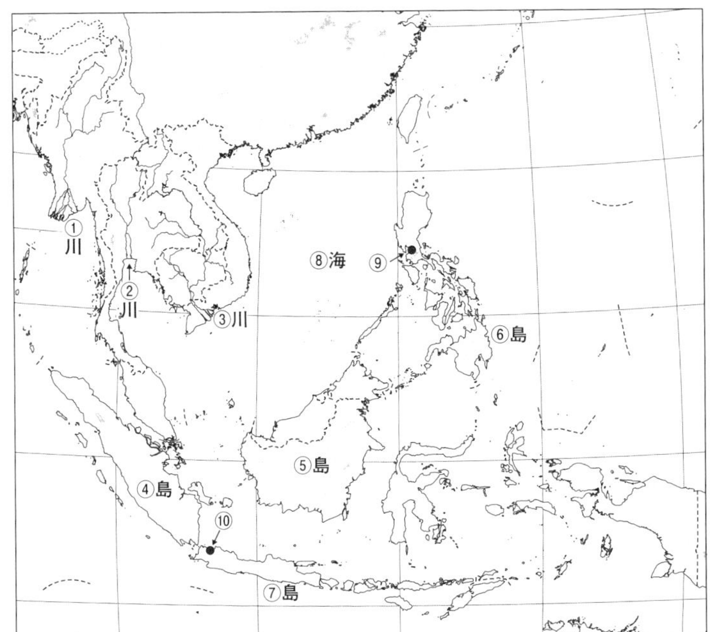

①	川
②	川
③	川
④	島
⑤	島
⑥	島
⑦	島
⑧	海
⑨	
⑩	

課題 B　地図帳や統計資料などを参考にしながら，下の表を完成させよう。

	国名	旧宗主国	おもな言語	おもな宗教
A	インドネシア	オランダ		
B	カンボジア			
C	シンガポール			
D	タイ	独立維持		
E	東ティモール	ポルトガル→インドネシア		
F	フィリピン			
G	ブルネイ			
H	ベトナム			
I	マレーシア			
J	ミャンマー			
K	ラオス			

Memo

2 宗教の多様性と生活文化～ ASEAN 諸国 (2)

Basic

2 宗教にねざした生活文化と産業

a. 自然環境と農業・食文化

・農業

・メコン川やチャオプラヤ川などの下流：肥沃(ひよく)な (①＿＿＿＿＿)

→(②＿＿＿＿＿＿＿＿＿＿) の影響で降水量が多く，平野部は稲作地帯に

・山間部：雨水を利用した (③＿＿＿＿) による稲作

・熱帯林：(④＿＿＿＿) によって野菜などを栽培

・食文化

・主食：(⑤＿＿＿) が普及，穀物を貯蔵する穀倉が発達し，(⑥＿＿＿＿＿＿) に

・香辛料やココナッツオイル，魚醤(ぎょしょう)などを使った料理が特徴的

・イスラームの人々：(⑦＿＿＿＿＿＿) 料理

b. 経済の発展と生活文化の変化

・(⑧＿＿＿＿＿＿) の国々：(⑨＿＿＿＿＿＿) をもとにした国づくり，宗教は制限

・(⑩＿＿＿＿＿＿) の国々：(⑪＿＿＿＿＿＿＿) を結成

→外国資本の導入を進め，(⑫＿＿＿＿＿＿＿＿＿) が発展

→高い語学力をもとに，国際的に活躍する人材が増加

3 多様な宗教・言語と経済統合による課題

a. 経済統合と多様な文化

・国際分業←(⑫＿＿＿＿＿＿＿＿＿) の発展により発達

・(⑬＿＿＿＿＿＿＿＿＿＿)：ASEAN 地域内で部品を分担して生産する国際分業

→ ASEAN 諸国は，互いに部品を供給しあって自動車などを生産

・ASEAN：EU のような自由貿易圏をめざす

・2015 年：(⑭＿＿＿＿＿＿) (ASEAN 経済共同体) 発足

→ 6 億をこえる人口の巨大な経済圏に

・2022 年：(⑮＿＿＿＿＿＿) (地域的な包括的経済連携) 協定発効

→ ASEAN 諸国と日本，中国を含む 15 か国による広域的な経済連携

b. 宗教と多文化共生

・反政府闘争が続く地域：フィリピンのミンダナオ島，インドネシアのパプア州など

→経済や宗教，言語などの違いも乗り越える (⑯＿＿＿＿＿＿＿＿＿) が目標

c. 日本との今後の関係

・(⑰＿＿＿＿＿＿＿＿＿＿) の締結→経済・サービスの交流が深まる

・(⑱＿＿＿＿＿＿＿) の発給要件緩和による観光交流→訪日観光客の増加

Words

アジア新国際分業　季節風 (モンスーン)　計画経済　経済連携協定 (EPA)　米　三角州
資本主義　社会主義　高床式住居　棚田　多文化共生社会　ハラール　ビザ (査証)　焼畑
輸出指向型工業　AEC　ASEAN　RCEP

Work & Challenge

課題 A　教科書 p.105 図**5**や地図帳をもとに，油田（原油）を黒丸，天然ガス田を赤丸，炭田（石炭）を青丸で下の地図中に書き入れよう。

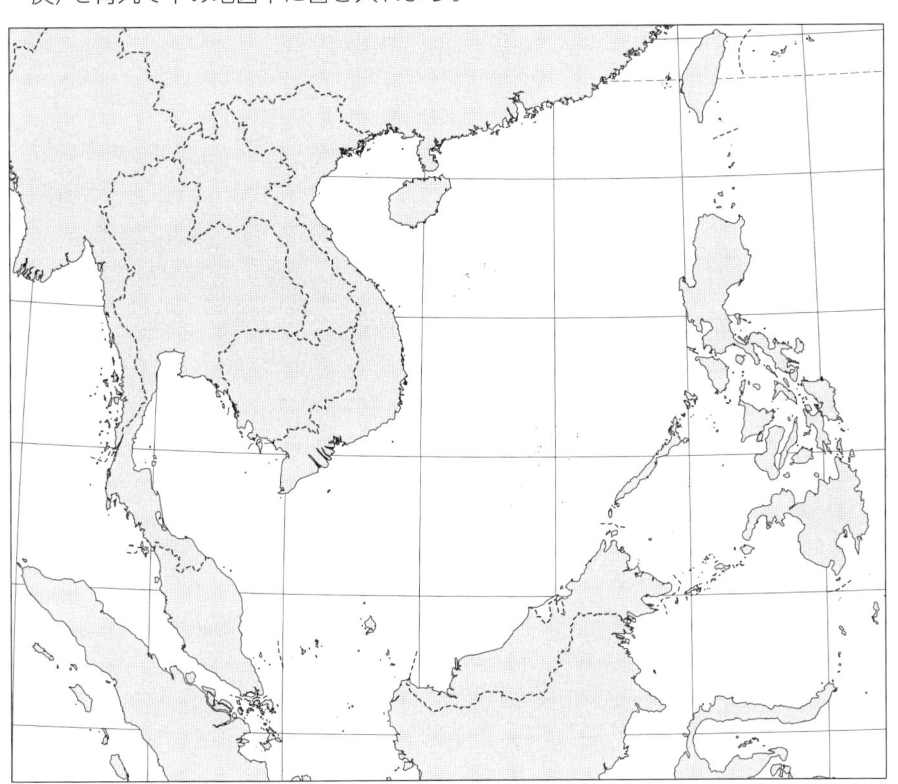

課題 B　身のまわりにある，ASEAN 諸国産の食材や工業製品を調べてまとめよう。

国名	食材・製品	国名	食材・製品

課題 C　インドネシアでは多様な宗教が見られる地域があり，「バランス」「穏健」「寛容」という三つの価値が重視されている。文化的な障壁をなくすためにどのような取り組みが行われているのか調べ，まとめてみよう。

Memo

3 水の恵みと生活文化〜南アジア

Basic

1　河川による恵みと生活文化

a. 自然環境と農業

・(①＿＿＿＿＿＿) 沿い：降水量が (②＿＿＿＿) →稲やジュートが栽培

・(③＿＿＿＿＿＿) 沿い：年間を通して降水量が (④＿＿＿＿) →小麦が栽培

b. 緑の革命と白い革命

・1960 年代：「(⑤＿＿＿＿＿＿)」… 高収量品種の導入，灌漑(かんがい)設備の整備

→乾季にも栽培可能になり，二毛作(にもうさく)が行われ，米や小麦の生産量が飛躍的に増加

・1970 年代：「(⑥＿＿＿＿＿＿)」… 生乳の集荷ルートの整備・確立

→生乳の生産量が増加，酪農家の貧困を解消

c. 南アジアの言語と宗教／ d. 人々の暮らしと食文化への影響

・(⑦＿＿＿＿＿＿)：インドの人口の 8 割を占める

→(⑧＿＿＿＿＿＿) と呼ばれる身分制度

・神の使いである牛の肉は食べない→生乳はバターやヨーグルトなどに加工

・(⑨＿＿＿＿)：ネパール，ブータン，インド北部の山岳地域，スリランカ

・イスラーム：(⑩＿＿＿＿＿＿)，(⑪＿＿＿＿＿＿) に多い

2　水の恵みによる発展と課題

a. 工業の発展と課題

・繊維産業：南アジアでは伝統的に発達

・(⑫＿＿＿＿＿＿) 工業：インド東部やバングラデシュで主要な輸出産業

→バングラデシュ：(⑬＿＿＿＿＿＿＿＿) 向けの縫製工業が増加

・インドの工業：1990 年代以降，外国からの投資が増加。大都市を中心に発達

・ICT 産業：バンガロールは「インドのシリコンヴァレー」

・(⑭＿＿＿＿＿)：生産台数は世界 4 位→日本のメーカーも現地に定着

・インドでの工業の発展に伴う課題

・自動車の普及や火力発電所の増設→(⑮＿＿＿＿＿＿) が進む

・工業・生活用水の不足→山岳地域にダムを建設

・電力不足→国内の発電では足りず，(⑯＿＿＿＿＿＿) から電力輸入

b. 社会がかかえる課題

・降水量が少ないインド北西部：(⑤＿＿＿＿＿＿) によって小麦の生産量が増加

→過剰な地下水のくみ上げによる (⑰＿＿＿＿＿＿) の枯渇や塩害も増加

→高額な (⑱＿＿＿＿＿＿) が必要になり，農民間の格差が拡大

c. ガンジス川と環境問題

・上流域：山間地域などは (⑲＿＿＿＿＿＿＿＿)（GLOF）が発生

・中流域：急激な人口の増加→ゴミや下水による (⑳＿＿＿＿＿＿) が課題

Words　インダス川　多い　化学肥料　カースト　ガンジス川　自動車　ジュート　白い革命　水質汚染　少ない　大気汚染　パキスタン　バングラデシュ　氷河湖決壊洪水　ヒンドゥー教　ファストファッション　ブータン　仏教　水資源　緑の革命

Work & Challenge

課題 A　地図帳や教科書を参考に，以下の問いに答えよう。

(1)　①～⑬に当てはまる山脈，高原，川，島，諸島，州，地域名を記入しよう。

(2)　7月のモンスーンの風向きを，赤の矢印で書き込もう。

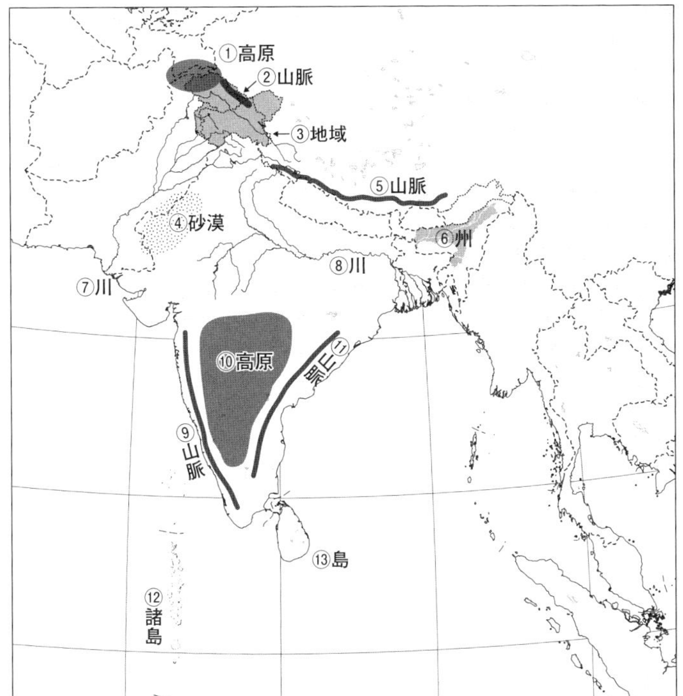

①	高原
②	山脈
③	地域
④	砂漠
⑤	山脈
⑥	州
⑦	川
⑧	川
⑨	山脈
⑩	高原
⑪	山脈
⑫	諸島
⑬	島

課題 B　教科書 p.110 図3を参考に，以下の問いに答えよう。

(1)　凡例にしたがって，農作物の栽培地域またはマークを着色しよう。

(2)　年降水量 1000mm の線を青色で書き入れよう。

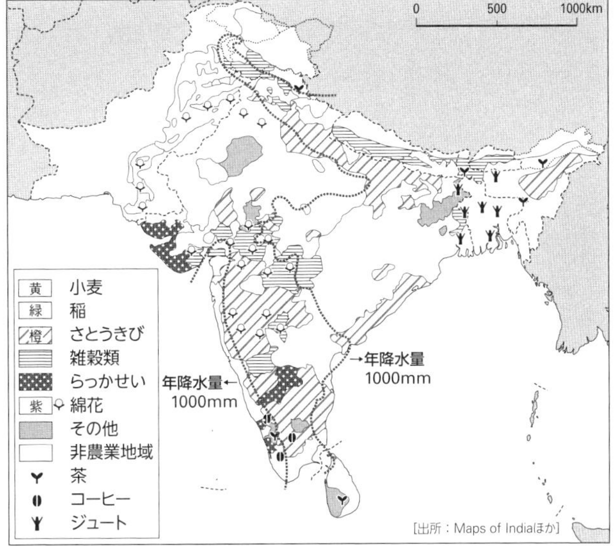

［出所：Maps of Indiaほか］

Memo

4 イスラーム社会の多様性と生活文化～イスラーム圏（1）

教科書 p.116 ～ 117

Basic

1　乾燥地域とイスラームの社会

a. 乾燥地域の自然と生活

地域	気候と植生
西アジア～北アフリカ	(①＿＿＿＿) が中心，サハラ砂漠が広がる
中央アジア	(②＿＿＿＿) が中心，ステップと呼ばれる草原

・乾燥地域の生活＝外来河川や (③＿＿＿＿) が水源
・(④＿＿＿＿)：水を求めて家畜と一緒に移動生活
→かつては砂漠を移動する (⑤＿＿＿＿) がみられたが，現在は定住化
・(⑥＿＿＿＿)：オアシスの水や地下水を (⑦＿＿＿＿) で運び利用

b. イスラームのひろがり

・イスラーム：7 世紀に (⑧＿＿＿＿) によって創始
・中央アジアから西アジア，北アフリカにかけて広く信仰

宗派	分布
(⑨＿＿＿＿)	イスラームの約 9 割，エジプトやサウジアラビアなど
(⑩＿＿＿＿)	イランやイラク，中央アジアの一部

・イスラーム最大の聖地は (⑪＿＿＿＿)
→(⑫＿＿＿＿) に世界中から巡礼者が集まる

c. イスラームの社会

・アッラー：唯一の神。その姿を描くことや，(⑬＿＿＿＿) は禁じられている
・コーラン：預言者（よげんしゃ） (⑧＿＿＿＿) が神からの啓示を伝えた聖典（せいてん）
・(⑭＿＿＿＿)：ムスリムの義務 (信仰告白，礼拝（れいはい），巡礼（じゅんれい），断食（だんじき），喜捨（きしゃ）)
・礼拝：(⑮＿＿＿＿) は祈りの場で，金曜日に礼拝が行われる
・断食：イスラーム暦の 9 月は (⑯＿＿＿＿) (断食月)
日の出から日没まで原則として飲食が禁止されている
・(⑰＿＿＿＿) (禁忌（きんき）)：豚肉食や飲酒の禁止など
→(⑱＿＿＿＿)：イスラームの教えに従う方法で処理された食物
・女性は人前では顔や手以外の肌を見せてはならない
→(⑲＿＿＿＿) と呼ばれる布で顔や体を覆（おお）う
・戒律の捉え方には，宗派や国・地域によって違いがある

Words
オアシス　カナート　カーバ神殿　灌漑農業　キャラバン　偶像崇拝　五行　砂漠気候 (BW)
シーア派　ステップ気候 (BS)　スンナ派　ハラーム　ハラールフード　ヒジャーブ
ムハンマド　メッカ　モスク　遊牧　ラマダーン

Work & Challenge

課題 A　地図帳や教科書を参考に，以下の問いに答えよう。

(1)　①～⑪に当てはまる山脈，砂漠，高原，海などの名を記入しよう。

(2)　A～Cは，イスラームの聖地である。下記の語群より都市名を答えよう。

【語群】　メッカ，メディナ，エルサレム

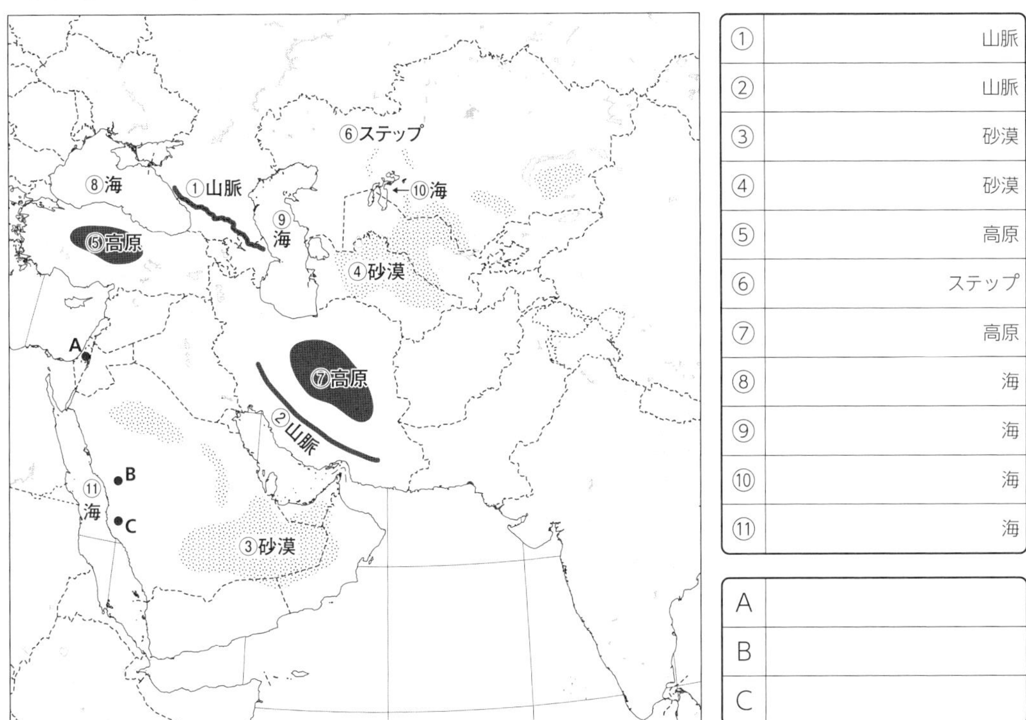

①	山脈
②	山脈
③	砂漠
④	砂漠
⑤	高原
⑥	ステップ
⑦	高原
⑧	海
⑨	海
⑩	海
⑪	海

A	
B	
C	

課題 B　教科書 p.117 表**6**を参考に，イスラームの「五行」とはなにかを表にまとめよう。

信仰告白（シャハーダ）	
礼拝（サラート）	
巡礼（ハッジ）	
断食（サウム）	
喜捨（ザカート）	

課題 C　日本国内の飲食店で提供されているハラール認証の料理を調べて，書き出してみよう。

Memo

4 イスラーム社会の多様性と生活文化～イスラーム圏 (2)

教科書 p.118 ～ 121

Basic

2 経済発展とイスラームの社会の変化

a. エネルギー資源の集中

- 西アジア：世界の約半分の (①________) が埋蔵
  - 第二次世界大戦前：(②________________) (メジャー) による支配
    - ↓利益が産油国に還元されず，支配が続いた
  - 1960 年代以降：(③__________) (石油輸出国機構) 結成・油田の国有化
- 中央アジア：(④____________) 沿岸の (①________) や (⑤____________)
  - EU や中国などの外国資本によって採掘
- 北アフリカ：アルジェリアなどの (①________) や (⑤____________)
  - →黒海や地中海の積出基地まで (⑥________________) で輸送

b. オイルマネーによる生活の変化

- オイルマネー：GDP の大半が (①________) 収入に→教育費や医療費が無料
- ムスリムの生活が (⑦__________) →日常生活が宗教的な規範にとらわれない
- 産油国と非産油国の間の (⑧____________) が課題
- 国際貿易や外国人労働者の増加→発達が遅れた金融機関の仕組みを整備
  - →イスラームの教義に基づく (⑨__________________) の規模を拡大
  - 利息をとらない，(⑩__________________) の考えに基づき貧困層を救済

3 イスラーム圏の現状と課題

a. 民族の多様性と地域紛争

- 民族や宗教の違いが，紛争の要因に
  - (⑪____________)：北アフリカ～西アジアの多数を占め，アラビア語を話す
  - トルコ系民族：トルコ～中央アジアにかけて多い
  - イラン系民族：イラン，(⑫__________________) など
    - (⑬____________)：イラン系の少数民族，トルコ，イラク，イラン，シリアなど
      - →イギリスとフランスの (⑭______________) などにより民族が分断

b. パレスチナ問題

- (⑮____________)：キリスト教やイスラームの基盤になった宗教
  - (⑯______________) …ユダヤ教・キリスト教・イスラームに共通の聖地
- (⑰______________)：第二次世界大戦後にユダヤ人国家として建国
  - パレスチナの主権をめぐり (⑱____________) が発生
    - ↓ (⑲____________) (パレスチナ解放機構) が発足
  - (⑳____________________) とよばれる反 (⑰______________) 闘争が続く
- 1993 年にパレスチナ自治政府が発足→今も対立が続く

Words

アフガニスタン　アラブ人　イスラエル　イスラーム銀行　インティファーダ　エルサレム
カスピ海　喜捨 (ザカート)　クルド人　経済格差　原油　国際石油資本　植民地政策
世俗化　中東戦争　天然ガス　パイプライン　PLO　ユダヤ教　OPEC

学習した日　　年　　月　　日

Check　Check

Work & Challenge

課題 A　中央アジア・西アジア・北アフリカ主要部の油田・天然ガス田分布の図を見て，以下の作業をしよう。

(1)　①～⑤の国名を答えよう。

(2)　油田を黄色，天然ガス田を赤の蛍光ペンでマークし，OPEC 加盟国を緑で塗ろう。

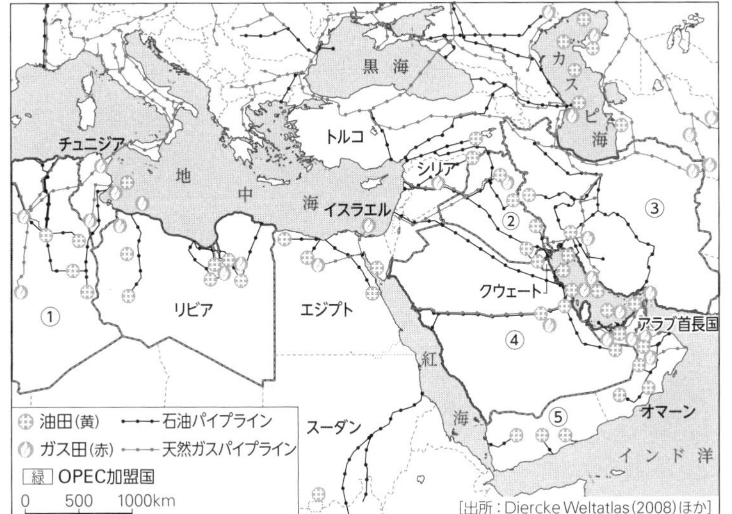

[出所：Diercke Weltatlas(2008)ほか]

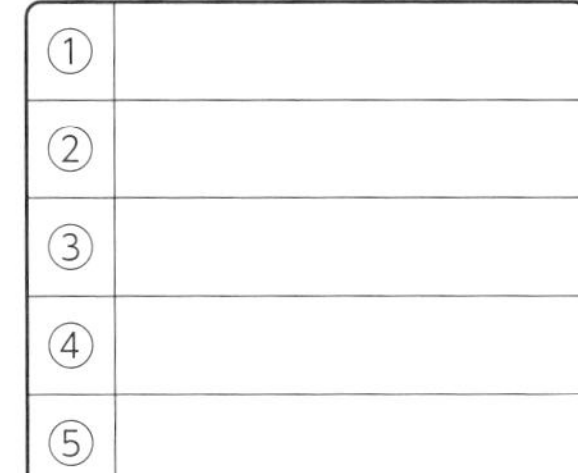

課題 B　(1)　エルサレムの旧市街地図の①～⑤に入る名前を，地図帳などで調べて記入しよう。

(2)　④の壁が，なぜそういう名前で呼ばれているか，理由を調べて書き込もう。

①	の丘
②	教会
③	の塔
④	の壁
⑤	のドーム

Memo

教科書 p.124 ~ 127

5 多様な気候と生活文化～アフリカ

Basic

1　多様な自然環境と生活文化

a. 自然環境と農業／ b. 多様な食文化

自然環境	特徴・気候	農業
熱帯雨林	熱帯雨林気候 (Af)・(Am)	・主食：キャッサバ，バナナなど→(①) ・マダガスカルは，米が主食
熱帯草原	サバナ気候 (Aw) ステップ気候 (BS)	・牛や羊などの牧畜 ・主食：(②) やソルガムなど
砂漠	砂漠気候 (BW)	・(③)：灌漑農業や遊牧 ・ナイル川沿岸では，綿花が栽培
南北端	(④)	・南アフリカ共和国：ワインの生産地
大地溝帯の高原	高地ですずしい	・(⑤)：コーヒー，茶など ・エチオピアの主食：インジェラ

c. 南北で異なる文化／ d. モノカルチャーに依存する国々

・北アフリカ：ムスリム商人との交易によってイスラーム化が進んだ

・サブサハラ：16 世紀以降 (⑥) により人々がアメリカ大陸に送られた
19 世紀後半ヨーロッパ諸国の植民地になり (⑦) が普及

・(⑧)：一つまたは少数の鉱産資源や (⑨) の輸出に依存

・北アフリカ，ナイジェリア，ギニア湾岸諸国など … (⑩)

・南部 … 銅やダイヤモンド，(⑪) などの鉱物資源

2　経済成長と自然環境の変化による課題

a. 急激な経済成長

・(⑫) = 1960 年：独立国数が 9 から 26 に増えた→現在は 54 か国
→民族間の対立や貧富の差の課題によって (⑬) が絶えない

・アフリカの成長国：大都市へ人口が集中し，インフラの整備が追いついていない
→(⑭) が拡大し，失業率が高くなっている

・都市から離れた地域：(⑮) が生活を支えている
→現金のかわりに (⑯) が普及

b. 気候変動と砂漠化／ c. 生態系の保護と持続可能な開発

・(⑰)：サハラ砂漠の南縁，過放牧や過耕作などにより (⑱) が進む

・熱帯雨林：耕作地の拡大や燃料用の薪の採集により森林が減少

・セレンゲティ国立公園：1981 年に (⑲) に登録
→経済活動と環境保護を両立させる (⑳) を導入

Words
アフリカの年　エコツーリズム　オアシス　キャッシュレス決済　キリスト教　携帯電話
原油　砂漠化　サヘル　商品作物　スラム　世界自然遺産　地域紛争　地中海性気候 (Cs)
とうもろこし　奴隷貿易　プランテーション　モノカルチャー　焼畑　レアメタル

Work & Challenge

課題 A　地図帳や教科書を参考に，以下の問いに答えよう。

(1)　①〜⑩に当てはまる山脈，砂漠，川，湾，盆地，山，湖，島の名を記入しよう。

(2)　教科書や地図帳をもとに，砂漠気候の地域を黄色で塗ろう。

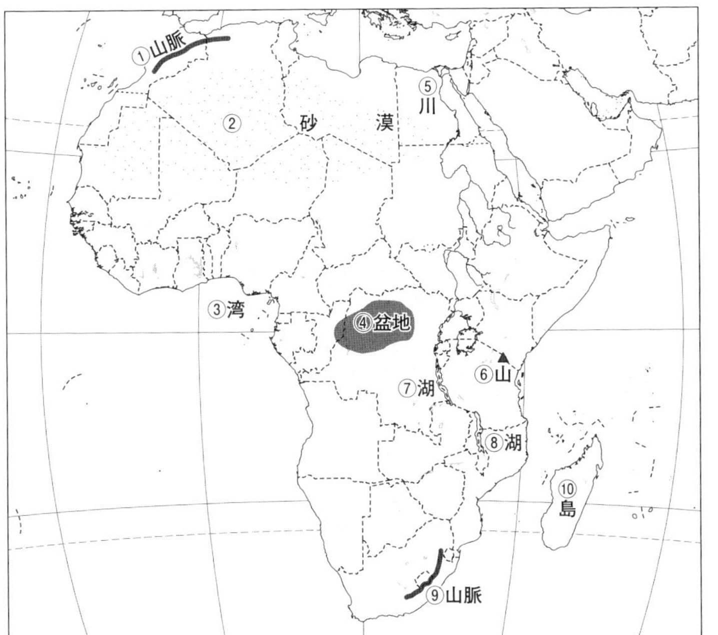

①	山脈
②	砂漠
③	湾
④	盆地
⑤	川
⑥	山
⑦	湖
⑧	湖
⑨	山脈
⑩	島

課題 B　自然環境の保全や貧困の解消のために，どのような取り組みが行われているか。それぞれの事例を調べてまとめるとともに，SDGs（教科書 p.166 を参照）のどの番号に対応しているか，考えてみよう。

	国・地域名	具体的な取り組み	該当する SDGs の目標（番号と目標）
自然環境の保全			
貧困の解消			

Memo

6 経済統合による生活文化の変化～EU と周辺諸国 (1)

教科書 p.130 ～ 133

Basic

1　経済発展の礎となった自然環境と農業

a. ヨーロッパの地形

北部	広大な平原	・氷河湖などの (①＿＿＿＿＿) がみられる ・スカンディナヴィア半島：(②＿＿＿＿＿) が発達
中央部	なだらかな丘陵地	・ライン川やドナウ川など (③＿＿＿＿＿) 沿いに都市発達 ・パリ盆地には (④＿＿＿＿＿) 地形が発達
南部	急峻な山脈	・(⑤＿＿＿＿＿) やピレネー山脈

b. 温和な気候

・西部：暖流の (⑥＿＿＿＿＿) と海洋から吹き込む (⑦＿＿＿＿＿) の影響で
　年較差の小さい (⑧＿＿＿＿＿)

・内陸部：冬季に気温が低下し，気温の年較差が大きい亜寒帯湿潤気候 (Df)

・南部：温暖で夏に乾燥する (⑨＿＿＿＿＿)

c. ヨーロッパの農牧業地域

・北側：(⑩＿＿＿＿＿)・酪農
　→酪農や野菜，花卉(かき)を集約的に栽培する (⑪＿＿＿＿＿) や小麦栽培に専門化

・南側：(⑫＿＿＿＿＿) →灌漑施設の整備により，果樹や野菜の栽培に専門化

d. 生活文化の地域差

・住居の資材：バルト海・北海沿岸：(⑬＿＿＿＿＿)，西部・地中海沿岸：(⑭＿＿＿＿＿)

・ドイツやフランス：木材と石による (⑮＿＿＿＿＿)，北部・東部：木造建築

2　産業・交通の発達による一体化

a. 主要な工業の発達／ b. 工業地域の変化

・18 世紀後半の (⑯＿＿＿＿＿) 以降：重工業化が進展し工業地帯が発達

・20 世紀：ヨーロッパの地位は相対的に低下。資源枯渇により臨海部に工業発達
　・現在：(⑰＿＿＿＿＿) が国境を越えた国際分業体制のもとで発展
　　→大学・研究機関の周辺，交通の便のよい空港周辺で発達
　・東ヨーロッパへの工場移転 → 安価な労働力の確保
　・伝統技術 → イタリア中部・北東部の (⑱＿＿＿＿＿) など

c. 移動の自由化と交通網の発達

・(⑲＿＿＿＿＿) 協定：国境検査の多くを廃止，人々の往来の自由化
　・高速道路，国際高速鉄道網の整備 (TGV・ICE など)
　・英仏海峡トンネルの開通　　・ハブ空港の整備

d. 第 3 次産業の発達

・EU の中心地域＝ (⑳＿＿＿＿＿) →多国籍企業の本社機能

Words　アルプス山脈　園芸農業　北大西洋海流　ケスタ　国際河川　混合農業　サードイタリー　産業革命　シェンゲン　西岸海洋性気候 (Cfb)　石灰石　先端技術産業　地中海式農業　地中海性気候 (Cs)　氷河地形　フィヨルド　ブルーバナナ　偏西風　木骨建築　レンガ

学習した日　　年　　月　　日

Check　Check

Work & Challenge

課題A　地図帳や教科書を参考に，以下の問いに答えよう。

(1)　①～⑪に当てはまる山脈，半島，河川，海，海流の名を記入しよう。

(2)　⑦と⑧の川を，青でなぞってみよう。

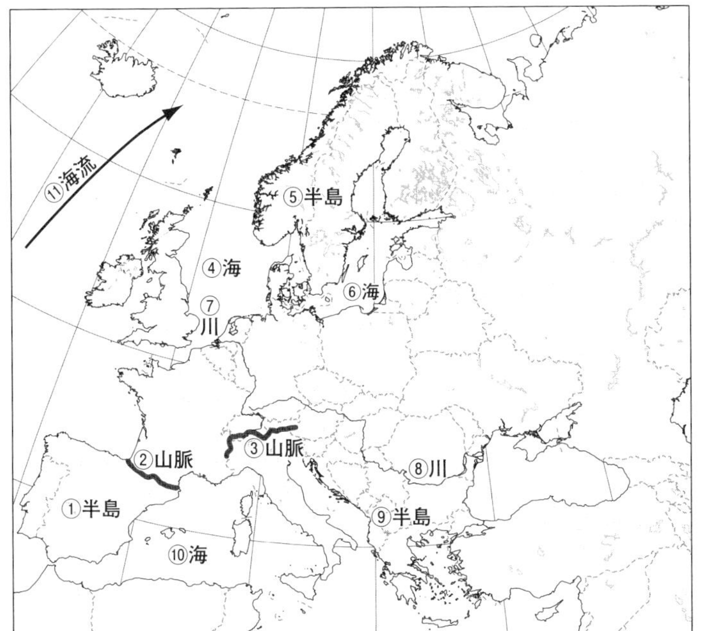

①	半島
②	山脈
③	山脈
④	海
⑤	半島
⑥	海
⑦	川
⑧	川
⑨	半島
⑩	海
⑪	海流

課題B　(1)　教科書 p.131 図**5**を参考に，混合農業・酪農，地中海式農業を凡例にならって着色しよう。

(2)　ぶどう（赤）と小麦（青）の栽培限界の線を書き込もう。

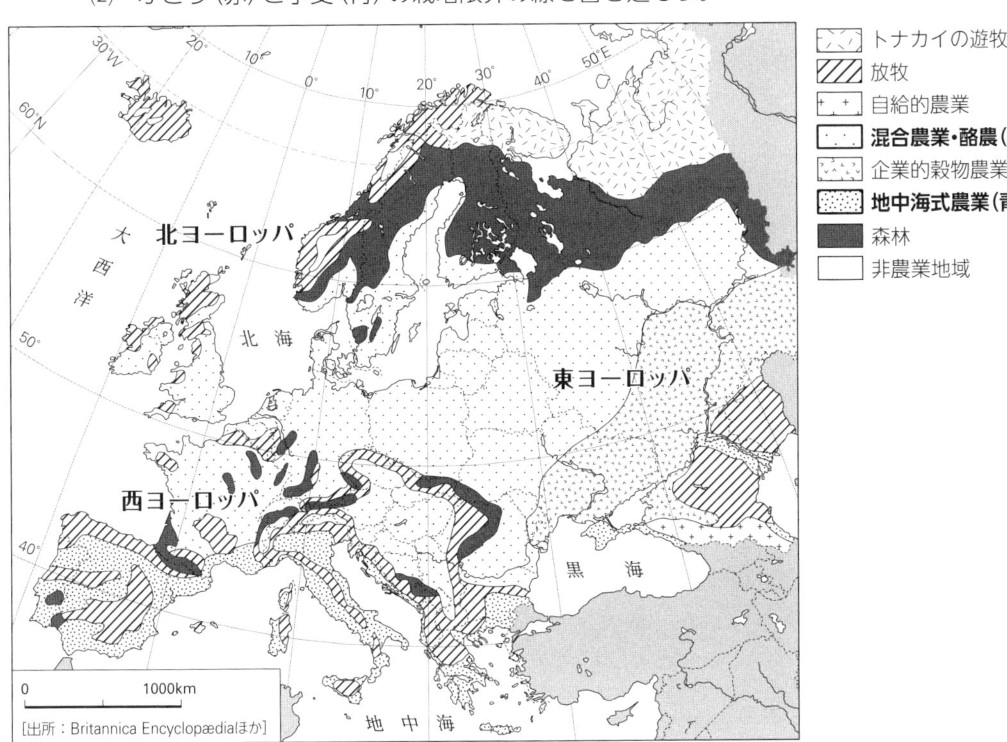

6 経済統合による生活文化の変化～EU と周辺諸国 (2)

Basic

3　統合を進める背景と言語・宗教の多様性

a. 歴史的背景

・(①＿＿＿＿＿＿) や産業革命 → 世界に先駆けて近代化を果たす
・1920 年代：(②＿＿＿＿＿＿＿＿) のもとに「一つのヨーロッパ」をめざす動き
・(③＿＿＿＿＿＿＿)：市場統合による経済発展
・1993 年：(④＿＿＿＿＿＿＿＿) の発効により (⑤＿＿＿＿＿＿) が結成
→市場統合だけでなく，政治統合も目指すようになる

b. 多様な宗教

・キリスト教：ヨーロッパの人々に共通する文化的基盤 → 年中行事，祝祭日など
・東部：(⑥＿＿＿＿＿)，南部：(⑦＿＿＿＿＿＿)，北部：(⑧＿＿＿＿＿＿＿)
・イスラーム：バルカン半島の一部，都市部の (⑨＿＿＿＿)

c. 多様な言語

・インド＝ヨーロッパ語族に属する言語が中心
・(⑩＿＿＿＿＿＿) 語派…英語・ドイツ語など
・(⑪＿＿＿＿＿＿) 語派…スペイン語・イタリア語・フランス語など
・(⑫＿＿＿＿＿＿) 語派…ロシア語・ポーランド語など

d. 国境をこえる観光

・歴史的建造物や自然公園：世界遺産に登録
・リゾート地の開発 → 余暇(よか)としての観光が普及 → フランスの (⑬＿＿＿＿＿＿) 制度
・課題：(⑭＿＿＿＿＿＿＿＿＿) とよばれる観光客の押し寄せ

4　経済統合と政治統合の進展と課題

a. EU 統合に向けた動き

・EU の目的：経済統合と政治統合 → EU の加盟拡大が進む
・1999 年：単一通貨 (⑮＿＿＿＿＿) 導入
・経済格差による人口移動：(⑯＿＿＿＿＿＿＿) から (⑰＿＿＿＿＿＿＿) へ

b. 地域格差と移民の流入／ c. イギリスの EU 離脱と今後の課題

・EU 域内で地域格差の拡大：域内総生産や雇用率など
→(⑱＿＿＿＿＿＿＿＿＿)，欧州地域開発基金による助成などの支援策
・西アジアやアフリカなどからの (⑨＿＿＿＿)，シリアなどからの (⑲＿＿＿＿)
→文化の違いや社会不安による排斥(はいせき)の動き
・2020 年：イギリスの EU 離脱＝ (⑳＿＿＿＿＿＿＿)
・背景には，増加する (⑨＿＿＿＿) に対する不満，雇用への不安など
・EU 経済圏の規模が縮小 → 本社機能がイギリスからドイツなどへ移転
・イギリスは EPA (経済連携協定) を日本などと個別に締結

Words
移民　オーバーツーリズム　カトリック　共通農業政策 (CAP)　ゲルマン　市民革命　スラブ　正教会　難民　西ヨーロッパ　バカンス　汎ヨーロッパ主義　東ヨーロッパ　ブレグジット　プロテスタント　マーストリヒト条約　ユーロ　ロマンス　EC (欧州共同体)　EU (欧州連合)

Work & Challenge

課題A　EUと周辺諸国について，以下の作業に取り組もう。

(1)　原加盟国を青，1995年までの加盟国を黄色，2004年以降の加盟国を赤で着色しよう。

(2)　EU内の単一通貨「ユーロ」の導入国に€のマークを入れよう。

(3)　p.134 図3をもとに，あ～かの国で信仰されているキリスト教のおもな宗派を記入しよう。

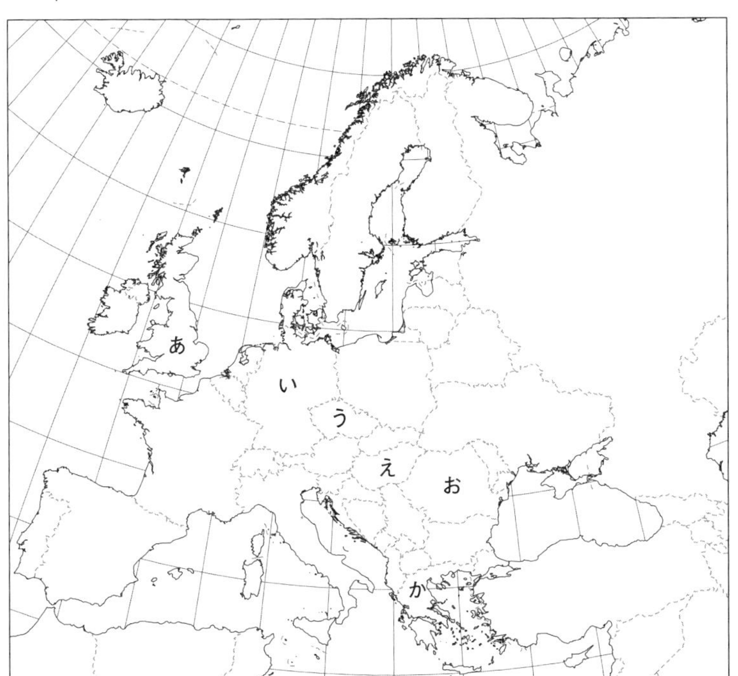

あ	
い	
う	
え	
お	
か	

課題B　教科書p136 図1「EUと周辺諸国の地域別1人当たりの域内総生産」をみてわかることとして，誤っているものを次のうちから一つ選ぼう。

ア　ヨーロッパ西部ではEU平均を上回っている地域が多い。

イ　ヨーロッパ東部ではEU平均を上回っている地域は全くみられない。

ウ　EU平均を大きく上回る地域の多くはブルーバナナとよばれる地域に含まれる。

エ　ヨーロッパの中心部と周辺部とでは経済的な格差がみられる。

課題C　EU離脱により，イギリスの人々の暮らしにはどのような影響や変化が現れただろうか？具体的な事例を調べて，下の欄に記入しよう。

Memo

7 寒冷な気候と生活文化～ロシア

教科書 p.140 ～ 143

Basic

1　寒冷な気候と生活・産業

a. 自然環境と生活

・ウラル山脈を境にして大きく東西に分けられる

・西側：(①＿＿＿＿＿＿＿＿) …東側と比べ比較的温暖 →(②＿＿＿＿) 栽培

・東側：(③＿＿＿＿＿＿) …気温の年較差が大きい (④＿＿＿＿＿) 気候

・植生：(⑤＿＿＿＿＿) とよばれる針葉樹林

・地下には厚い (⑥＿＿＿＿＿＿) → 集合住宅は (⑦＿＿＿＿＿) の建築

・都会にくらす人々：(⑧＿＿＿＿＿＿) とよばれるセカンドハウスで野菜や果物を自給

(⑨＿＿＿＿＿＿) を熱源とする温室ハウスでの野菜栽培が普及

b. ロシアの鉱工業

・原油と (⑨＿＿＿＿＿＿) →(⑩＿＿＿＿＿＿＿＿) でヨーロッパや東アジアに輸出

・鉱物資源：鉄鉱石・金・(⑪＿＿＿＿＿＿＿＿) など → 世界有数の輸出国

・石炭と鉱物資源 → シベリア鉄道・バム鉄道の整備で開発が進む

・石炭や鉄鉱石の産出地域周辺で (⑫＿＿＿＿＿＿) が発達

↓ 1991 年のソ連崩壊，設備の老朽(ろうきゅう)化による生産の鈍化

・2000 年代以降：(⑬＿＿＿＿＿＿) を設置し，外国資本の導入により近代化

・(⑭＿＿＿＿＿) 設置による関税免除や通関手続きの簡素化→投資の増加

2　寒冷地域の開発による成長と課題

a. ロシアの経済成長

・2000 年以降，原油価格の高騰による (⑮＿＿＿＿＿＿＿＿) の恩恵→経済が急成長

・(⑯＿＿＿＿＿＿) が浸透したモスクワには近代的なビルが建ち並ぶ

→中国やインドなどとともに BRICS の一角を占める

・経済成長により出生率は一時上昇したが，2010 年代以降の人口は横ばい

b. ウクライナ侵攻の影響

・ロシア産の原油・天然ガス→ EU 諸国，中国，日本などに輸出

・2014 年のクリミア危機から続く (⑰＿＿＿＿＿＿＿) 紛争

→ 2022 年にはロシアが⑰に侵攻：グローバル企業の撤退が相次ぐ

c. 開発と環境問題

・シベリア・極東地域：先住民族による狩猟，トナカイの (⑱＿＿＿＿＿)

・開発の進展→環境問題の深刻化

・過度な伐採による土地の荒廃，温暖化による (⑥＿＿＿＿＿＿) の融解など

d. 日本との関係

・(⑲＿＿＿＿＿＿) 問題 → シベリア・極東地域での (⑳＿＿＿＿＿＿＿＿) の模索

・ウクライナ紛争の影響により，観光・文化交流の多くは中断している

Words　ウクライナ　永久凍土　オイルマネー　共同経済活動　経済特区　小麦　市場経済　シベリア　自由港　重工業　タイガ　ダイヤモンド　大陸性　高床式　ダーチャ　天然ガス　パイプライン　北方領土　遊牧　ヨーロッパロシア

Work & Challenge

課題 A　地図帳や教科書を参考に，①～⑫に当てはまる地名を記入し，X～Z に当てはまる地域名を記入しよう。

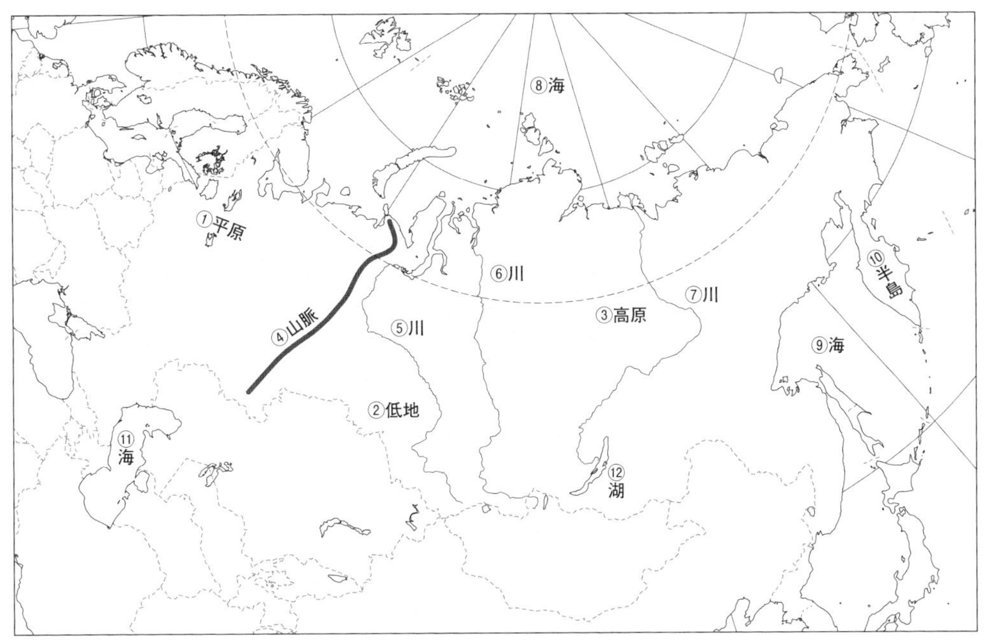

①	平原	④	山脈	⑦	川	⑩	半島
②	低地	⑤	川	⑧	海	⑪	海
③	高原	⑥	川	⑨	海	⑫	湖

課題 B　次の円グラフはロシアの輸出入品目に関するものである。A～E に当てはまるものを下の語群から選びそれぞれ答えよう。

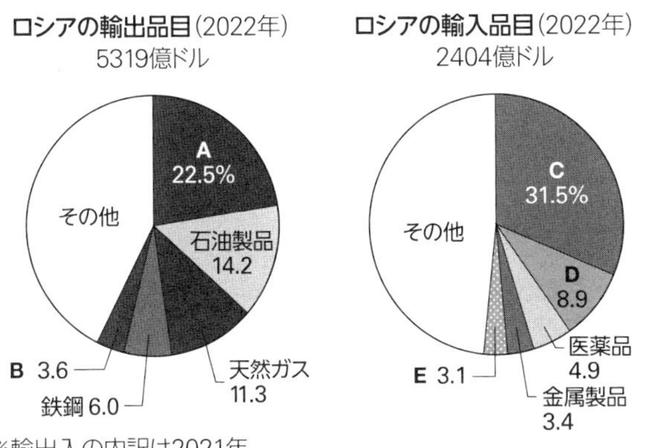

※輸出入の内訳は2021年　〔出所：UN Comtrade（2023.7 ダウンロード)〕

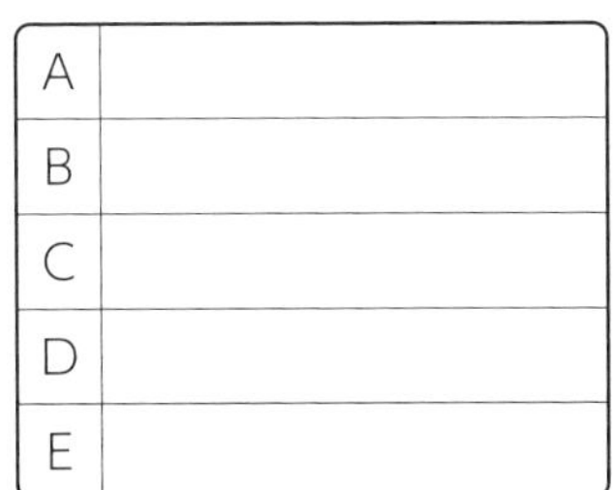

A	
B	
C	
D	
E	

【語群】　自動車　機械類　原油　石炭　衣類

Memo

8 グローバル化による生活文化の変化～アメリカ・カナダ (1)

Basic

1 経済発展の基盤となった社会の多様性

a. 開拓の歴史

・アメリカの先住民：(①＿＿＿＿＿＿＿＿)：狩猟・採集や漁労生活

・16 世紀後半：ヨーロッパからの開拓者の入植 → 各国が植民地化

・17 世紀：イギリスによる東部の植民地化

→英語，(②＿＿＿＿＿＿)，アングロサクソンの生活文化が広まる

＝(③＿＿＿＿)の活躍

・17 世紀：アフリカからの (④＿＿＿) → 大農園 (綿花やたばこなど) の労働力

b. 移民が集まる国

・18 世紀：(⑤＿＿＿＿＿＿＿) を求め，出身地や階級に関係なく

アメリカを目指す →(⑥＿＿＿＿＿) に

・1960 年代以降

・(⑦＿＿＿＿＿) の急増：南西部，ニューヨーク周辺

・メキシコ，プエルトリコ，キューバなどラテンアメリカからの移民

→ 2050 年にはアメリカ総人口の 1/4 に

・(⑧＿＿＿＿) 系移民の増加：太平洋沿岸

・中国，韓国，ベトナムなどからの移民

c. アメリカの大衆文化

・1960 年代：(⑨＿＿＿＿＿) によるアフリカ系アメリカ人の権利向上

→差別は依然として残る

・民族を問わず成功した者を賞賛する文化が根付く

→民族の (⑩＿＿＿＿＿) を目指す

・世界に広まるアメリカの (⑪＿＿＿＿)

→ジャズ，ロック，ヒップホップなどの音楽，ハリウッド映画など

d. カナダの多文化主義

・二つの公用語

・イギリス系住民：(⑫＿＿＿) → カナダの人口の過半数

・フランス系住民：(⑬＿＿＿＿＿) →(⑭＿＿＿＿) 州に多い

・太平洋沿岸：アジア系住民，都市部には中国人街 (⑮＿＿＿＿＿＿)

・北極海沿岸：先住民の (⑯＿＿＿＿＿)

→ 1991 年：(⑰＿＿＿＿) 準州誕生，生活文化の近代化が進む

・さまざまな民族の文化を尊重する (⑱＿＿＿＿＿) 政策をとる

Words

アジア　アメリカンドリーム　イヌイット　英語　ケベック　公民権運動　サラダボウル
大衆文化　多文化主義　多民族国家　チャイナタウン　奴隷　ヌナブト
ネイティヴアメリカン　ヒスパニック　フランス語　プロテスタント　WASP

Work & Challenge

課題 A　地図帳や教科書を参考に，地図中の①～⑬の地名を答えよう。

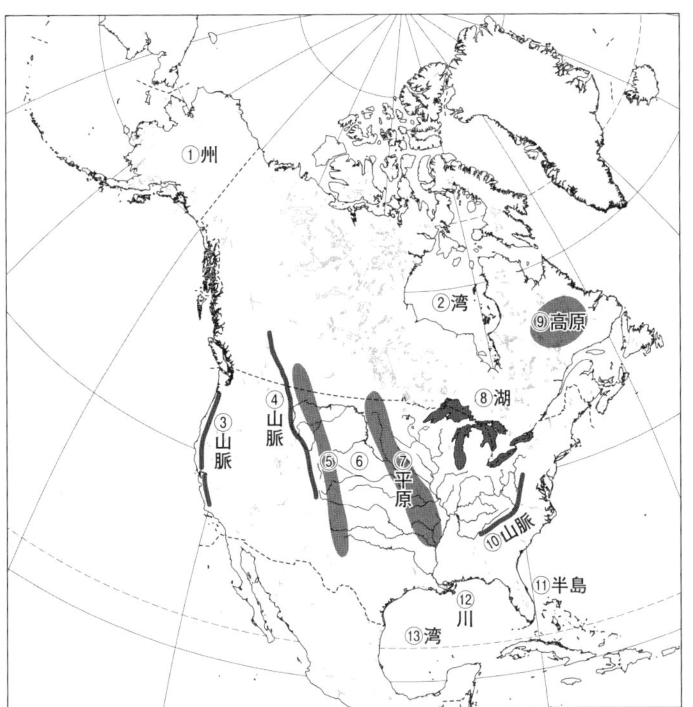

①	州
②	湾
③	山脈
④	山脈
⑤	
⑥	
⑦	平原
⑧	湖
⑨	高原
⑩	山脈
⑪	半島
⑫	川
⑬	湾

課題 B　教科書 p.146 図**3**をみて，次の作業と問いに取り組もう。

(1)　アフリカ系の割合が 25％以上の州を青，15 ～ 25％の州を水色で塗ろう。
ヒスパニックの割合が 25％以上の州，15 ～ 25％の州を，赤斜線で階級区分しよう。

(2)　アフリカ系とヒスパニックとがともに 15％以上の州の名前を答え，どちらも多い理由を考えよう。

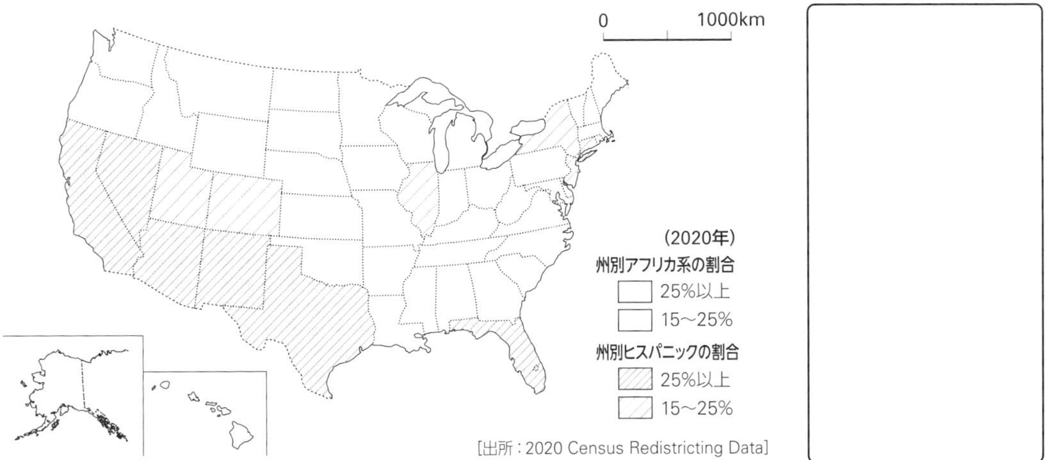

[出所：2020 Census Redistricting Data]

Memo

8 グローバル化による生活文化の変化～アメリカ・カナダ (2)

教科書 p.148 ～ 151

Basic

2　大規模な農業とグローバルな食文化

a. 多様な自然環境

・西部：険しい (①＿＿＿＿＿) 山脈　・南東部：緩やかな (②＿＿＿＿＿) 山脈

・ミシシッピ川流域：中央平原，(③＿＿＿＿＿) とよばれる草原

・多様な気候：北極海沿岸：ツンドラ気候，北緯 40 度以北：亜寒帯気候
　太平洋岸：地中海性気候，内陸山岳地帯：乾燥帯気候
　西経 100 度以東：温暖湿潤気候，フロリダ半島：熱帯気候

b. 適地適作による企業的農業／ c. 世界への影響力

・農業の特徴：大規模経営と (④＿＿＿＿＿)

・年降水量 500 mm以下の西部乾燥地域：(⑤＿＿＿＿)

・年降水量 500 mm前後の地域：(⑥＿＿＿＿) の栽培

・五大湖沿岸：酪農　・中央部：とうもろこしや (⑦＿＿＿＿)

・太平洋岸：地中海性気候下での果樹・野菜栽培

・フロリダ半島：園芸農業 →(⑧＿＿＿＿＿＿＿＿) や果樹栽培

・広大な国土に企業的農業が普及 → 世界に向けて大量に農畜産物を輸出

・(⑨＿＿＿＿＿＿) による支配 →(⑩＿＿＿＿＿＿) を展開
　バイオテクノロジーを駆使した品種開発

・農業の ICT 化…GNSS，ドローン，タブレットなどを活用

d. グローバル化する食文化

・外食産業は各国の食文化に大きな影響
→(⑪＿＿＿＿＿＿) …ハンバーガー，ホットドック，コーラなど

3　グローバル化による変化と課題

a. 工業地域の変化

・五大湖周辺地域＝ (⑫＿＿＿＿＿＿)：恵まれた鉱産資源による重工業の発達

・20 世紀後半には競争力が弱まり鉱業は衰退 →(⑬＿＿＿＿＿＿)

b. ICT 産業の発展と生活文化の変化

・1990 年代：北緯 37 度以南の (⑭＿＿＿＿＿) で先端技術産業が発達

・世界の ICT 産業を牽引する 4 大企業＝ (⑮＿＿＿＿＿)

c. 揺れる自由貿易体制

・アメリカ：自由貿易の牽引役 →(⑯＿＿＿＿＿) によるグローバルな経済活動

・1994 年：NAFTA による経済圏発足
　↓失業者増加による貿易赤字の増大

・(⑰＿＿＿＿＿) の政策
→(⑱＿＿＿＿＿) 締結，アメリカは (⑲＿＿＿＿) 協定から離脱

Words
アグリビジネス　アパラチア　穀物メジャー　小麦　サンベルト　大豆　多国籍企業
適地適作　トラックファーミング　ファストフード　プレーリー　フロストベルト　放牧
保護貿易　ラストベルト　ロッキー　GAFA　TPP　USMCA

Work & Challenge

課題A　下の図は，アングロアメリカの農牧業地帯を示したものである。

⑴　年降水量500mmの線を青でなぞろう。

⑵　凡例の①～⑥に当てはまる農業地域名を記入しよう。

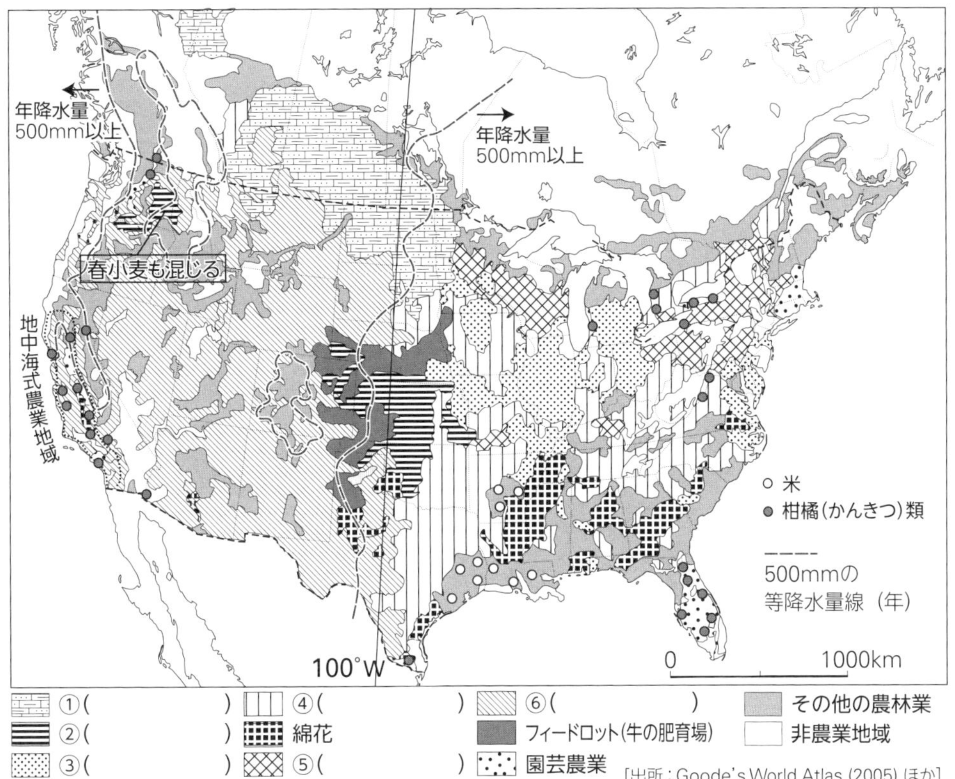

［出所：Goode's World Atlas (2005) ほか］

課題B　下のA～Cのグラフ，日本，中国，アメリカの貿易収支を示したものである。

⑴　A，B，Cはどの国をあらわしているか，教科書を参考に答えよう。

⑵　Cの国が貿易赤字を減らすにはどうすればよいか，あなたの考えを書いてみよう。

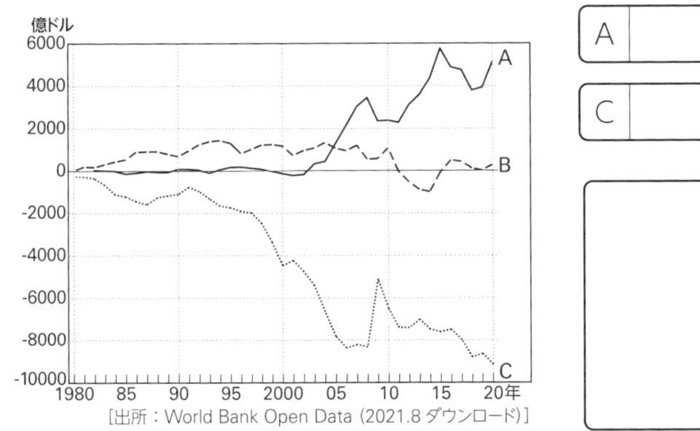

［出所：World Bank Open Data (2021.8 ダウンロード)］

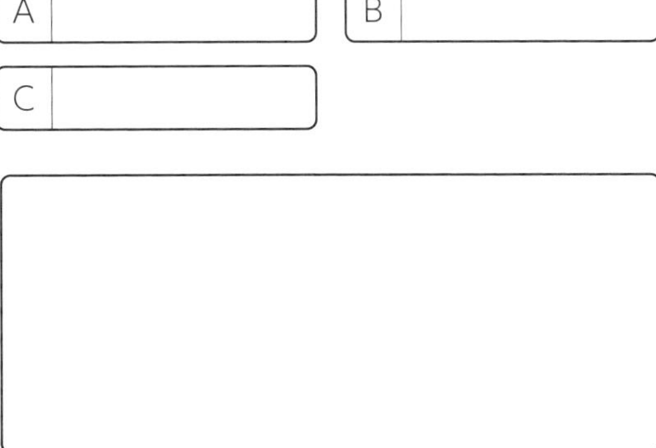

Memo

教科書 p.154 〜 157

9 土地の開発による生活文化の形成〜ラテンアメリカ

Basic

1 開発による農牧業の発展と生活文化

a. 植民による開発

・(①＿＿＿＿＿＿＿＿)：メキシコ以南の地域でラテン系の言語や文化を共有

・(②＿＿＿＿＿＿)による植民 → メキシコ・ペルー・アルゼンチンなど

・(③＿＿＿＿＿＿＿)による植民 → ブラジル

b. 緯度による自然と農業の変化／ c. 標高による農業の変化

・(④＿＿＿＿＿＿)がひろがるアマゾン川流域：焼畑によるキャッサバ栽培

→近年は伐採により(⑤＿＿＿＿)畑や牧場に

・残る大土地所有制：(⑥＿＿＿＿＿＿＿)…ブラジル，エスタンシア…アルゼンチン

・平坦な草原の(⑦＿＿＿＿＿)での小麦・とうもろこし栽培，牛の放牧

・アンデス山脈：大陸の西部に位置し，標高による植生・栽培作物の変化

標高の低い熱帯地域：稲・綿花
標高の高い温帯地域：小麦・とうもろこし
標高の高い冷涼地域：(⑧＿＿＿＿)類
高地：農業不可，(⑨＿＿＿＿＿)やアルパカなどの牧畜

d. 多様な生活文化

・先住民とヨーロッパ系，アフリカ系による混血 → さまざまな生活文化が融合

・(⑩＿＿＿＿＿＿)：先住民とヨーロッパ系の混血

・(⑪＿＿＿＿＿＿)：ヨーロッパ系とアフリカ系の混血

2 開発による発展と社会にみられる課題

a．開発と鉱工業の発展

・原油・天然ガス：メキシコ湾岸，ベネズエラ北部，エクアドル東部

ブラジルは(⑫＿＿＿＿＿＿＿)を開発し，原油を完全自給

・非鉄金属(金・銀・銅・すず・亜鉛)：メキシコ，(⑬＿＿＿＿＿＿＿)山脈沿い

・鉄鉱石：(⑭＿＿＿＿＿＿)高原

・特定の一次産品に依存する(⑮＿＿＿＿＿＿＿＿＿)による累積債務(るいせきさいむ)を抱える国も

b. 地域協定と自由貿易

・自由貿易による経済統合 → 1995年：(⑯＿＿＿＿＿＿＿＿)(南米南部共同市場)

・2011年：(⑰＿＿＿＿＿＿＿)，2018年：(⑱＿＿＿＿＿＿＿)協定

→日本などと関係強化

c. 貧富の差と大衆文化

・大きい貧富の差 → 大都市におけるスラム＝ブラジルの(⑲＿＿＿＿＿＿＿)など

・国際的に活躍するスポーツ選手を輩出：サッカーや野球など

・世界的に知られる大衆音楽：ブラジルのサンバ，ジャマイカの(⑳＿＿＿＿＿＿)など

Words
アンデス　いも　海底油田　スペイン　大豆　太平洋同盟　熱帯雨林　パンパ　ファゼンダ　ファベーラ　ブラジル　ポルトガル　ムラート　メスチソ　メルコスール　モノカルチャー　ラテンアメリカ　リャマ　レゲエ　CPTPP

Work & Challenge

課題 A　地図帳や教科書を参考に，以下の問いと作業に取り組もう。

(1)　地図中の①～⑫に当てはまる山脈，高原，海，川などの名を記入しよう。

(2)　赤道を赤でなぞってみよう。

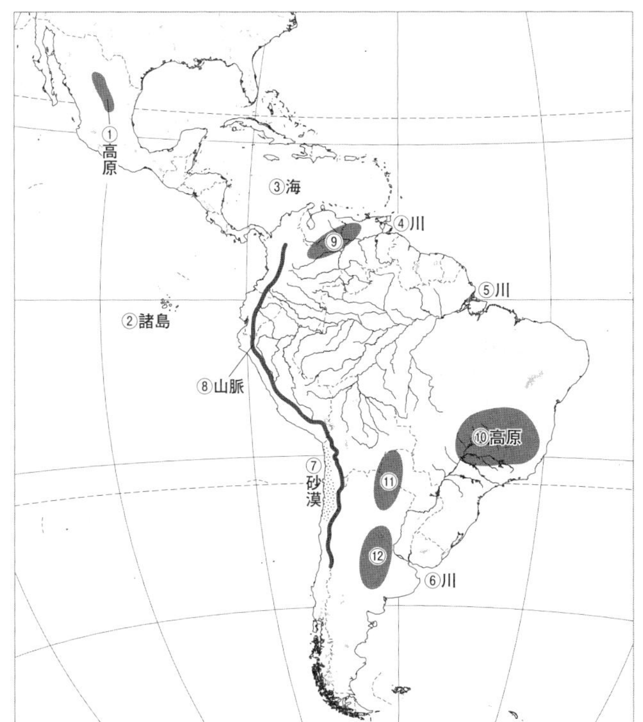

①	高原
②	諸島
③	海
④	川
⑤	川
⑥	川
⑦	砂漠
⑧	山脈
⑨	
⑩	高原
⑪	
⑫	

課題 B　下の円グラフＡ～Ｄは，ラテンアメリカのおもな国の輸出品構成を表したものであり，チリ，ブラジル，ペルー，メキシコのいずれかである。

(1)　グラフ中の原油の部分を赤で着色しよう。

(2)　Ａ～Ｄに該当する国名を答えよう。

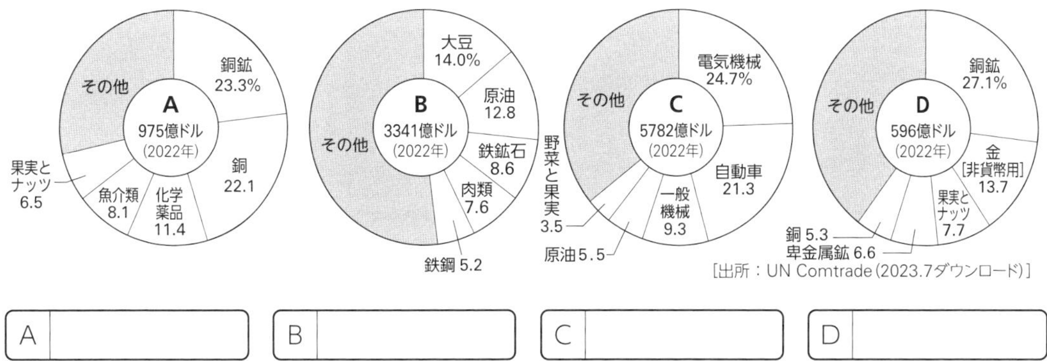

[出所：UN Comtrade (2023.7ダウンロード)]

A		B		C		D	

Memo

10 植民と移民による生活文化の形成～オセアニア

Basic

1 植民による開発と生活文化

a. オーストラリアの農業開発

・植民と移民の歴史 → (①＿＿＿＿＿) の流刑地(るけいち)として開始

↓温暖湿潤な南部の海岸平野 → 内陸部の半乾燥地域へと開発が進む

・植民地での生活に必要な食料の自給が進んだ

・南東部・南西部：降水量 400 mm前後の地域… (②＿＿＿＿) ・ぶどう栽培

・都市周辺：(③＿＿＿＿)，(④＿＿＿＿＿＿＿) での牛肉生産

・乾燥地域：大規模な牛・羊の (⑤＿＿＿＿)

b. オーストラリアの鉱業開発

・豊富な鉱物資源を埋蔵 (東部：石炭，西部：鉄鉱石・金，北部：ボーキサイト　など)

・19 世紀の (⑥＿＿＿＿＿＿＿) による移民と鉱業労働者の流入

↓ (⑦＿＿＿＿＿) による掘削(くっさく)技術の進歩

・人口の増加 → 暮らしを支える農業・工業の発達 → 生活水準の向上

・現在は大型トラックと鉄道で積出港(つみだしこう)に運ばれ，中国や日本などに輸出

c. ニュージーランドの植民と開発

・(⑧＿＿＿＿＿) の導入 → 羊毛生産の本格化

・(⑨＿＿＿＿) 就航 → 乳製品の輸出が可能に →(③＿＿＿＿) が発達

・北半球の (⑩＿＿＿＿＿) 向けの野菜や果物の生産

d. 島嶼国のプランテーション

・フィジーのさとうきび：(⑪＿＿＿＿＿) の労働者が移住し，栽培の担(にな)い手に

2 移民と多文化社会にみられる課題

a. 距離の克服とグローバル化

・アジア市場との結びつきを強化

・(⑫＿＿＿＿＿) (アジア太平洋経済協力)：アジア太平洋地域の経済協力強化

・ケアンズグループ：農産物貿易の自由化

・(⑬＿＿＿＿＿) 協定：環太平洋諸国の貿易自由化

・(⑭＿＿＿＿＿) (地域的な包括的経済連携) 協定：ASEAN，中国，日本，韓国

・太平洋の島嶼国・地域：(⑮＿＿＿＿＿) (太平洋諸島フォーラム) を組織

b. 多文化社会への変化／ c. 移民の出身地の変化と課題

・オーストラリア：(⑯＿＿＿＿＿) 政策＝白人優先の政策

→ 1970 年に撤廃，積極的に移民を受け入れ → アジア系などの移民が増加

・先住民族：オーストラリアの (⑰＿＿＿＿＿＿)，ニュージーランドの (⑱＿＿＿＿＿)

・先住民族や移民の生活文化を尊重する (⑲＿＿＿＿＿＿) の実現へ

Words　アボリジナル　イギリス　インド系　小麦　ゴールドラッシュ　多文化社会　白豪主義　端境期　フィードロット　牧畜　マオリ　メリノ種　酪農　冷凍船　露天掘り　APEC　PIF　RCEP　CPTPP

Work & Challenge

課題 A　地図帳や教科書を参考に，以下の問いに答えよう。

⑴　地図中の①～⑧に当てはまる地名，あ～うに当てはまる都市名を記入しよう。

⑵　年降水量 250mm，500mm，800mm の線を青でなぞってみよう。

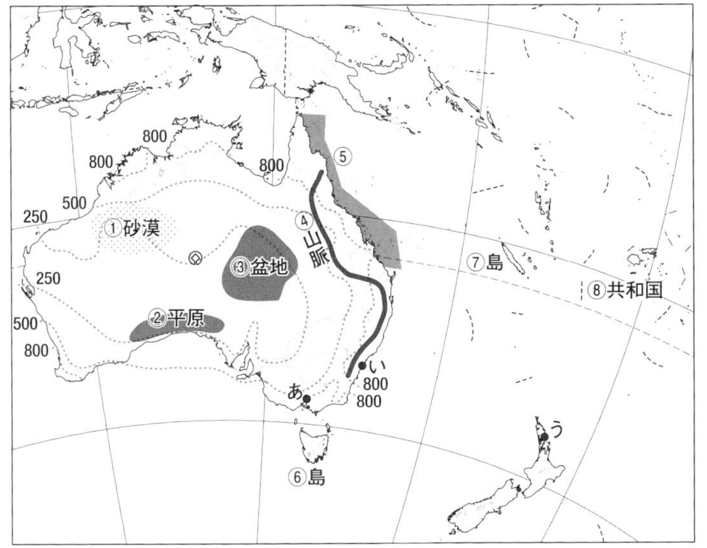

①	砂漠
②	平原
③	盆地
④	山脈
⑤	
⑥	島
⑦	島
⑧	共和国

あ	
い	
う	

課題 B　地図帳や教科書を参考に，以下の問いに答えよう。

⑴　ミクロネシアの範囲をオレンジで，メラネシアの範囲を赤で，ポリネシアの範囲を青で囲い，それぞれの名称を記入しよう。

⑵　地図帳や教科書を参考に，A ～ G の国・地域名を記入しよう。

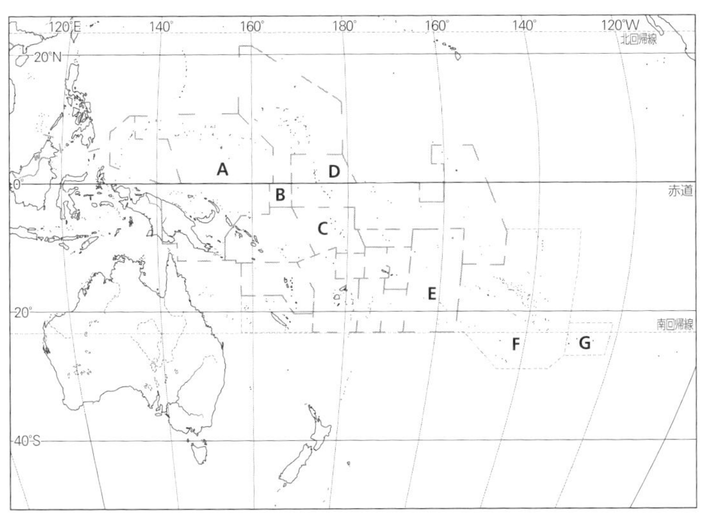

A	
B	
C	
D	
E	
F	
G	

Memo

教科書 p.166 ～ 167

導入 相互に関連する地球的課題

Basic

課題A 次の英文はSDGsのどの目標を表しているものか，対応する日本語キャッチコピーと目標番号を，教科書のp.166 ～ 167から選んで答えよう。

英文（SDGsの目標）	日本語キャッチコピー	番号
Climate action	ア：	
Life on land	イ：	
Responsible consumption, production	ウ：	
Quality education	エ：	
Peace, justice and strong institutions	オ：	
No poverty	カ：	
Zero hunger	キ：	
Affordable and clean energy	ク：	
Good health and well-being	ケ：	
Decent work and economic growth	コ：	
Sustainable cities and communities	サ：	
Industry, innovation, infrastructure	シ：	
Reduced inequalities	ス：	
Life below water	セ：	
Clean water and sanitation	ソ：	
Gender equality	タ：	
Partnerships for the goals	チ：	

Work & Challenge

課題B　教科書 p.166 ～ 167 の SDGs の目標番号の写真を見て，それぞれの写真と関連する課題を解決するためキャッチコピーを，自由な発想で考えてみよう。

1 地球環境問題（1）

Basic

1 環境問題と持続可能な社会

a. 環境問題とはなにか

・ヘンダーソン島（イギリス領ピトケアン諸島）

・（①＿＿＿＿）の生物が残る無人島で，（②＿＿＿＿＿＿）にも登録

↓（③＿＿＿）の関係で多くのプラスチックゴミが流れ着く

・経済発展 → 国境を越えた海洋汚染 → 環境が悪化

・環境問題：解決のためには，強い意志をもった取り組みが必要

b. 持続可能な社会とは

・環境問題：それぞれの課題が互いに関連しあう

・「（④＿＿＿＿＿）の発展」
・「（⑤＿＿＿＿＿）の開発」
・「（⑥＿＿＿＿＿）の保全」
} のバランス＝（⑦＿＿＿＿＿）な対策が必要

・SDGs（⑦＿＿＿＿＿）な開発目標とは

・2015 年に（⑧＿＿＿＿＿）が採択

・（⑨＿＿＿）の目標と（⑩＿＿＿）のターゲットを設定

・（⑪＿＿＿＿）年までの達成を目指す

・「（⑫＿＿＿＿＿＿＿＿）」という理念が掲げられている

2 国境を越える汚染

a. 酸性雨・酸性霧

・発生のしくみ

・（⑬＿＿＿＿＿）物質が雲の中に取り込まれる → 水蒸気と反応

→降水に含まれると（⑭＿＿＿＿），霧（きり）に含まれると（⑮＿＿＿＿）

・産業革命期のイギリス：石炭やコークスの燃焼が原因

・影響：森林や街路樹の立ち枯れ，土壌や湖沼の酸性化，野外の彫像（ちょうぞう）の溶解など

b．大気汚染

・（⑯＿＿＿＿＿＿）（SOx）や（⑰＿＿＿＿＿＿）（NOx）

→工場や自動車から排出 →（⑬＿＿＿＿＿）や（⑭＿＿＿＿＿）の原因に

・（⑱＿＿＿＿＿＿＿）：排出ガスなどに紫外線が作用して発生

→日本は高度経済成長期に（⑲＿＿＿＿）を経験

・近年は（⑳＿＿＿＿＿）を含む黄砂の飛来が問題に

・気象庁や環境省を中心とする観測・調査体制

→「VENUS」：スーパーコンピューターによる濃度予測

Words 硫黄酸化物　海流　経済　公害　光化学スモッグ　国際連合　固有種　酸性雨　酸性霧　自然環境　持続可能　社会　世界自然遺産　大気汚染　誰も置き去りにしない　窒素酸化物　PM2.5　17　169　2030

Work & Challenge

課題 A　下の写真は，教科書 p.168 写真1の一部を拡大したものである。教科書の写真も見て，どのようなゴミが流れついているか，書き出そう。

課題 B　次の図中の矢印を暖流は赤で寒流は青でなぞり，課題 A のゴミがみられる理由を説明しよう。

課題 C　ヘンダーソン島のプラスチックゴミの問題は，SDGs の目標のどれと関連しているか。関連する目標を赤で囲もう。

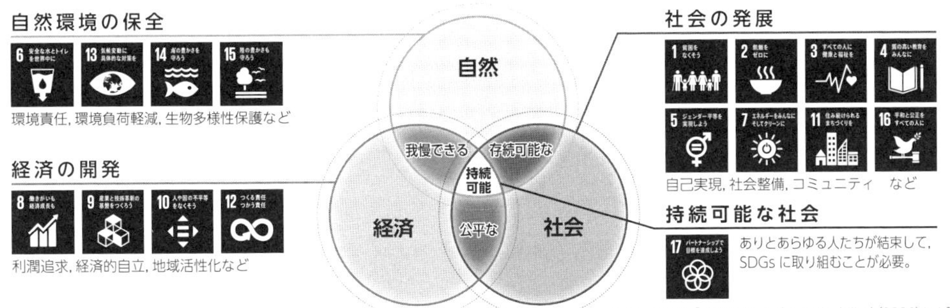

課題 D　赤で囲った目標のなかから，1 つの目標を選び，どのような対策をとればヘンダーソン島のプラスチックゴミを減らせるか，選んだ目標と関連づけて説明しよう。

SDGs の目標：

具体的な対策：

Memo

1 地球環境問題（2）

Basic

3　森林減少・砂漠化とその対策

a. 熱帯林の開発と減少

・熱帯林の分布：アジア，アフリカ，ラテンアメリカの（①＿＿＿＿）周辺

・森林破壊の原因：ブラジル・アマゾンでの（②＿＿＿＿＿＿＿＿）の建設

カラジャスでの（③＿＿＿＿＿）の露天掘り

東南アジアやアフリカでは（④＿＿＿＿＿＿＿＿）の開発

（⑤＿＿＿＿＿＿）を伐採してエビの養殖池を造成

b. 世界の砂漠化

・砂漠化：土地の乾燥による生産力の低下 → 不毛（ふもう）の土地

・人為的・社会的要因：

・燃料用の木材の（⑥＿＿＿＿＿）　・家畜の（⑦＿＿＿＿＿）

・土地の酷使（こくし）による過耕作　・灌漑（かんがい）や地下水使用による農地の塩類化

c. 保全に向けた取り組み／ d. 暮らしのなかでできる対策

・国連環境計画（UNEP）によると，

砂漠化の影響は地球上の陸地の 4 分の 1 におよぶ → 生物多様性の喪失（そうしつ）のおそれ

・支援や協力：（⑧＿＿＿＿＿）（政府開発援助），（⑨＿＿＿＿＿）（非政府組織），

（⑩＿＿＿＿＿）（非営利団体）による緑化事業や植林活動

・環境保全への貢献 →（⑪＿＿＿＿＿＿＿）の実施

・発展途上国の製品を公正価格で取引する（⑫＿＿＿＿＿＿＿＿＿），

環境に配慮してつくられた商品や地産地消（ちさんちしょう）の農産物を選ぶ

4　気候変動とその対策

a. 温室効果ガスの功罪／ b. 世界の砂漠化

・温室効果ガス：二酸化炭素（CO_2）やメタン（CH_4）など

・石油や石炭などの化石燃料が燃焼する時に排出

→（⑬＿＿＿＿＿＿）を含む（⑭＿＿＿＿＿＿）への懸念

・温暖化の影響：（⑮＿＿＿＿＿）（気候変動に関する政府間パネル）の予測

・2100 年までに約 1.0℃～ 5.7℃上昇（第 6 次評価報告書）

・気温上昇，降水量変化，氷河や氷床の融解による（⑯＿＿＿＿＿＿）

c. 国際社会の取り組み／ d. 緩和策と適応策

・2015 年：（⑰＿＿＿＿＿＿）→産業革命前に比べ 2℃以下，1.5℃の上昇に抑える目標

・（⑱＿＿＿＿＿）：（⑲＿＿＿＿＿＿＿＿＿）の割合を増やす，

省資源・省エネルギーへの取り組み

・（⑳＿＿＿＿＿）：防災や緑化の推進→気象の変化・海面上昇による被害を抑える

Words　アマゾン横断道路　エシカル消費　海面上昇　過伐採　過放牧　緩和策　気候変動　再生可能エネルギー　赤道　地球温暖化　適応策　鉄鉱石　パリ協定　フェアトレード　プランテーション　マングローブ　IPCC　ODA　NGO　NPO

Work & Challenge

学習した日　　年　　月　　日

Check　Check

課題 A　下の地図は，2100 年までに地球温暖化による気温上昇（予測）を示したものである。図中で，3～5℃上昇すると予測される地域を黄色で，5℃以上上昇すると予測される地域を赤で着色しよう。

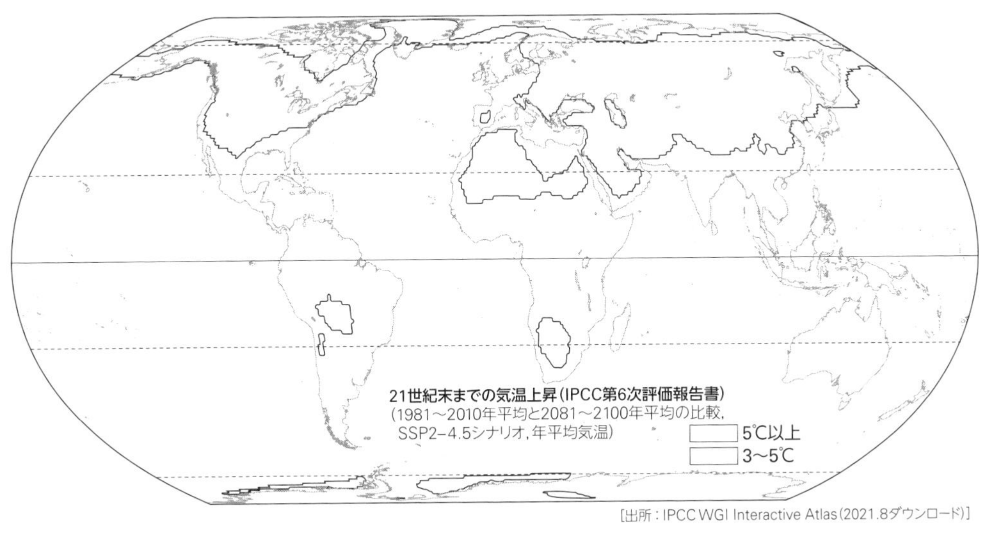

21世紀末までの気温上昇（IPCC第6次評価報告書）
（1981～2010年平均と2081～2100年平均の比較，SSP2-4.5シナリオ，年平均気温）

［出所：IPCC WGI Interactive Atlas（2021.8ダウンロード）］

課題 B　気候変動による各地域への影響について調べて，下の表にまとめよう。

地域	影響
アジア	
アフリカ	
ヨーロッパ	
北アメリカ	
南アメリカ	
オセアニア	

課題 C　気候変動に対する日常生活での緩和策と適応策の具体例を調べ，下の欄にまとめよう。

緩和策	適応策

Memo

2 資源・エネルギー問題

Basic

1 鉱物資源・エネルギー資源とその課題

a. 多様な資源

・(①＿＿＿＿＿)：降水，表流水，地下水など
・(②＿＿＿＿＿＿)：農産物，水産物，木材など
・(③＿＿＿＿＿＿)：鉄鉱石，ボーキサイトなど工業の原材料になる
・(④＿＿＿＿＿＿＿＿＿)：石炭，原油，天然ガスなど

b. 偏る資源・限りある資源／ c. 持てる国と持たざる国

・資源は地球上に偏在
　・(⑤＿＿＿＿＿)：安定大陸に分布，ボーキサイト：熱帯雨林地域に分布
　・「持てる国」：資源が豊富，「持たざる国」：資源がほとんどない
・可採(かさい)年数：(⑥＿＿＿＿)：約 50 年，石炭：約 140 年，天然ガス：約 50 年
・(⑦＿＿＿＿＿＿＿＿＿＿＿)＝自国の資源は自国で開発・管理しようとする考え

d. 鉱物資源とレアメタル

・(⑧＿＿＿＿＿＿＿)：埋蔵量・産出量が多く，幅広い用途のある金属資源
　・鉄，銅，鉛，アルミニウムなど
・(⑨＿＿＿＿＿＿)：埋蔵量・産出量が少なく，先端技術産業に不可欠な金属資源
　・リチウム，チタン，(⑩＿＿＿＿＿＿)（希土(きど)類），白金(はっきん)など

e. エネルギー資源について／ f. 原油をめぐる情勢の変化

・(⑪＿＿＿＿＿＿＿＿)：依存するエネルギーが大きく変化すること
　・産業革命以降：石炭 → 第二次世界大戦後：(⑥＿＿＿＿)
・油田開発：欧米の (⑫＿＿＿＿＿＿＿＿)（メジャー）が独占
　↓産油国の対抗，(⑬＿＿＿＿＿)（石油輸出国機構）結成
・(⑭＿＿＿＿＿＿＿＿＿)勃発(ぼっぱつ) → 産油国が増え，価格決定の仕組みは複雑に

2 資源のリサイクル・再生可能エネルギー

a. リサイクルと都市鉱山

・(⑮＿＿＿＿＿＿＿)とよばれる廃棄物の再利用（＝リサイクル）による活用
　→リサイクルできる資源は都市に豊富にある＝(⑯＿＿＿＿＿＿)

b. 再生可能エネルギーへの転換／ c. 多様な発電方法

・化石燃料の使用を抑制し，自然環境への負荷が小さい (⑰＿＿＿＿＿＿) エネルギー
　・(⑱＿＿＿＿＿＿＿) エネルギー：植物などの生物資源を燃料とする
　・(⑲＿＿＿＿＿＿＿＿＿＿)：さとうきびなどが原料，ブラジルなど
　・太陽光発電，風力発電，地熱発電，潮力発電など
・地域の条件に応じて，発電方法を効率的に組み合わせる＝(⑳＿＿＿＿＿＿＿＿＿)

Words　エネルギー革命　エネルギー資源　オイルショック　原油　鉱物資源　国際石油資本　再生可能　資源ナショナリズム　生物資源　鉄鉱石　都市鉱山　バイオエタノール　バイオマス　ベストミックス　ベースメタル　水資源　レアアース　レアメタル　e-waste　OPEC

Work & Challenge

課題 A　下図は，世界の鉱物資源の分布を示したものである。次の課題に取り組もう。

(1)　記号を△は赤で，□は青で，○は緑で，◇は黄でそれぞれ着色しよう。

(2)　記号の△，□，○，◇はボーキサイト，金，銅，鉄鉱石のうちどれに当てはまるか，凡例に記入しよう。

課題 B　次のグラフのⓐ～ⓔに当てはまる国名を，右の語群から選び答えよう。

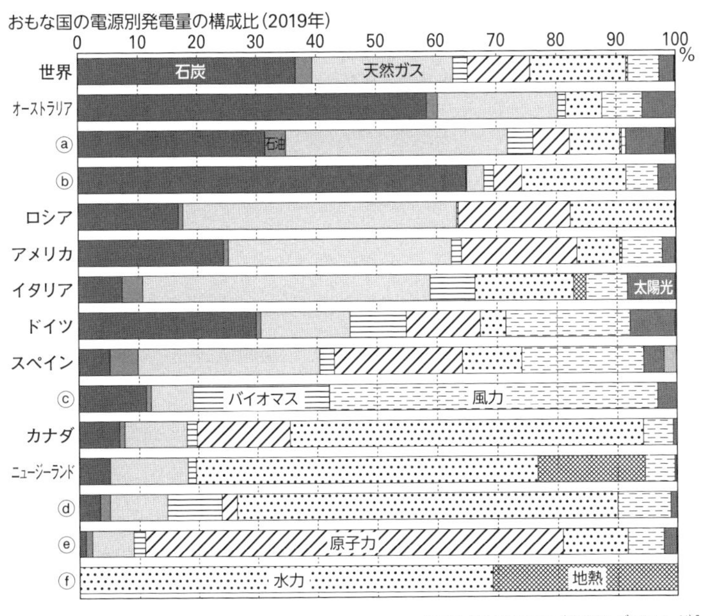

[出所：IEA Statistics (2022.8 ダウンロード)]

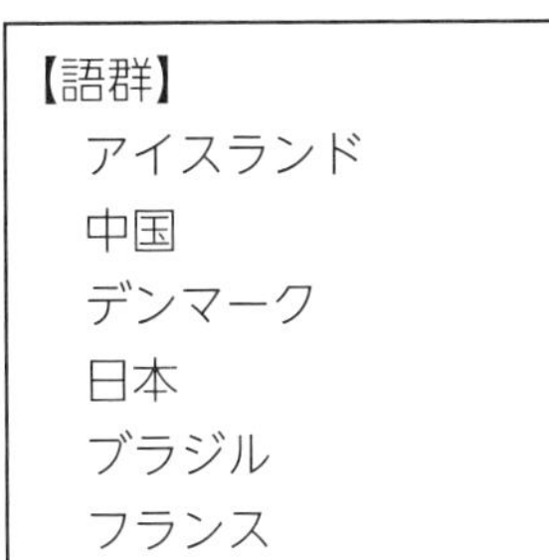
【語群】
アイスランド
中国
デンマーク
日本
ブラジル
フランス

ⓐ	
ⓑ	
ⓒ	
ⓓ	
ⓔ	
ⓕ	

Memo

3 人口・食料問題 (1)

Basic

1 人口と人口問題

a. 世界人口の分布と推移

・(①＿＿＿＿＿＿＿)：人間が居住している地域 → 拡大とともに人口が増加
・(②＿＿＿＿＿＿＿)：人間が居住していない地域
・世界人口は 2022 年に 80 億を突破，2086 年頃にピークを迎える見通し

b. 地域ごとの差異

・アジア，アフリカ → 第二次世界大戦後に急激な人口増加＝(③＿＿＿＿＿＿)
・ヨーロッパ → 戦後，(④＿＿＿＿＿＿) による人口減少
・北アメリカ，オセアニア → 多くの (⑤＿＿＿＿) を受け入れ，人口減少が穏(おだ)やかに

c. 世界の人口問題

・人口増加率＝(⑥＿＿＿＿＿＿) ＋ (⑦＿＿＿＿＿＿)
　出生率－死亡率↑　　　↑移入率－移出率
・人口動態
　・出生率と死亡率がともに高い (⑧＿＿＿＿＿) 型 → 途上国
　・出生率が高く，死亡率が低い (⑨＿＿＿＿＿) 型 → 新興国
　・出生率と死亡率がともに低い (⑩＿＿＿＿＿) 型 → 先進国
・人口問題は，食料問題・都市問題などさまざまな問題へと波及

2 世界各地の人口問題

a. 増え続ける人口とその課題／b．解決に向けた対策～インド

・インドの人口：現在は世界第 2 位，2023 年には中国をこえ第 1 位に
・インドの人口問題への対策
　・戦後：医療衛生水準の向上 →(⑪＿＿＿＿＿＿＿) の低下による人口増加
　・1951 年：世界で初めて (⑫＿＿＿＿＿) を軸とした人口抑制策を実施
　・2011 年代以降：(⑬＿＿＿＿＿＿＿＿) が世界平均を下回る
　　→北部では女性の (⑭＿＿＿＿＿) が低く，(⑬＿＿＿＿＿＿＿＿) が高い
　　南部では (⑫＿＿＿＿＿＿) が定着

c．少子化・高齢化とその課題／d．解決に向けた対策～フランス

・日本：高所得国で最も (④＿＿＿＿＿＿) が進行
　→深刻な労働力不足，社会保障や財政の維持が困難に
・1994 年：エジプトのカイロで行われた (⑮＿＿＿＿＿＿＿＿＿)
　→人口問題解決のための指針提示：(⑯＿＿＿＿＿＿＿＿＿＿＿＿＿＿＿)
・フランスや北欧諸国では，1990 年代から (⑬＿＿＿＿＿＿＿＿＿) が回復傾向
　→カップルのあり方：パクス (連帯市民協約) 制度，就労・保育支援など
・2015 年以降は移民も少子化傾向，緊縮政策などにより出生率は低下

Words
アネクメーネ　移民　エクメーネ　家族計画　合計特殊出生率　国際人口開発会議
識字率　自然増加率　社会増加率　少産少死　少子高齢化　人口爆発　多産少死　多産多死
乳幼児死亡率　リプロダクティブ・ヘルス／ライツ

Work & Challenge

課題A　インドの人口問題について，次の作業や設問に取り組もう。

(1)　教科書 p.184 図3「インドの州別に見た合計特殊出生率と女性識字率」を参考にして，下図を凡例にしたがって着色しよう。

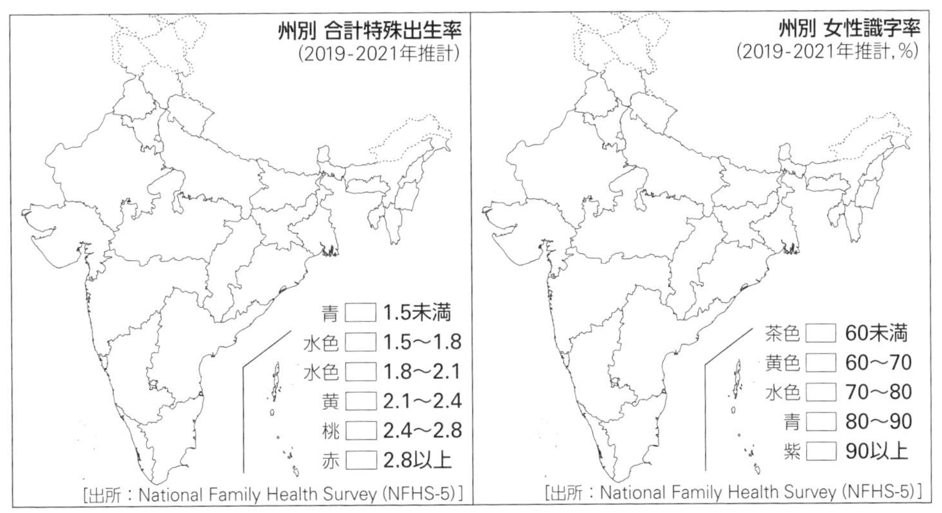

(2)　上の2枚の図を見て，合計特殊出生率と女性識字率の関係について，わかることを以下にまとめてみよう。

(3)　インドでは，今後どのような人口問題が課題になると考えられるか，p.185 図5と図6を比較しながら，教科書の記述を参考にまとめてみよう。

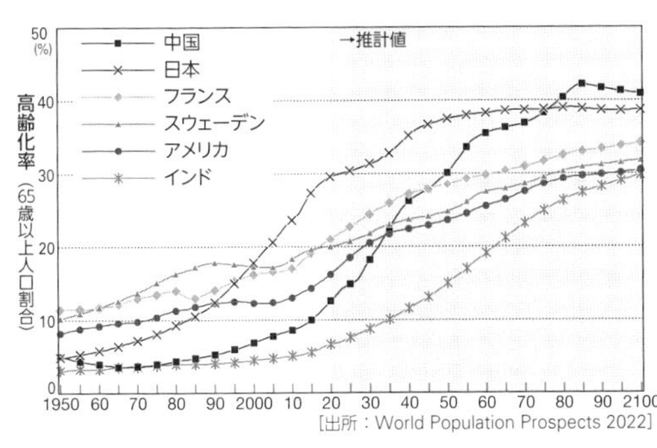

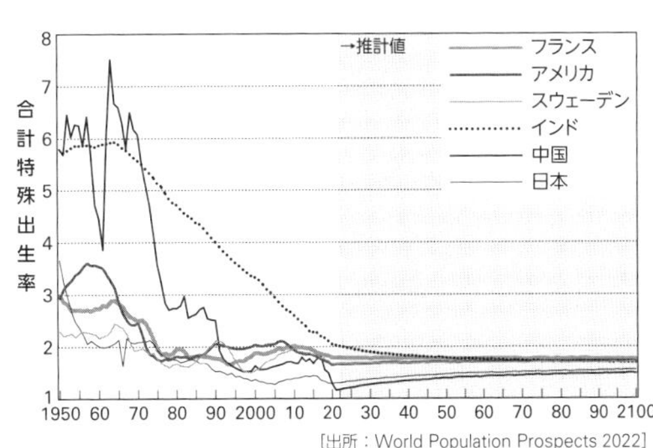

Memo

3 人口・食料問題 (2)

Basic

3 二つの食料問題

a. 世界の中の飢餓

・世界の穀物生産量は約 30 億トン (2023 年) → 計算上は全人口を養(やしな)うことができる
・栄養不足で飢餓(きが)に苦しむ人々 → 7 億 3500 万人 (5 歳未満の乳幼児が深刻)
・(①＿＿＿＿＿＿＿＿)：各国・地域別の栄養不足人口割合を示した地図
　・サハラ砂漠以南の (②＿＿＿＿＿＿)，西アジア，南アジアなど
　　→栄養不足人口割合と貧困層の割合が，ともに高い

b. 世界の中の食の不均衡

・1 人当たり (③＿＿＿＿＿＿) を地域別にみる
　・低所得国・地域：低い，必要な栄養が得られていない
　　→生産された作物の多くは直接 (④＿＿＿＿) として消費
　・高所得国・地域：高い，飽食(ほうしょく)の傾向にあり，穀類や肉類を大量に消費
　　→生産された作物の約半分が家畜のための (⑤＿＿＿＿) として使用
・食料の生産，流通，消費段階での (⑥＿＿＿＿＿＿) をみる
　・先進国では，(⑦＿＿＿＿) の段階で大きい → 期限切れ商品の廃棄，食べ残しなど
　・発展途上国では，(⑧＿＿＿＿＿＿) の段階で大きい
　・(⑨＿＿＿＿＿＿) は生産資材や労働力など，多くの損失につながる

4 食料問題の背景と解決策〜サブサハラ

a. サブサハラの栄養不足の背景

・不安定な農業生産 →(⑩＿＿＿＿＿＿) と (⑪＿＿＿＿＿＿) がともに低い
　・原因　・気候変動や長期的な (⑫＿＿＿＿＿)
　　　　　・人口急増による過耕作や過放牧による (⑬＿＿＿＿＿＿)
　　　　　・(⑭＿＿＿＿＿) への偏り
　　　　　・地域紛争や政情不安による農業生産の阻害
・農業の基礎構造そのものの弱体化
　・(⑮＿＿＿＿＿) や肥料が不十分 → わずかな雨水に依存
　・進まない機械化・道路や流通システムの未整備 → 農産物の市場への運搬困難

b. 解決に向けた農業努力

・輸入依存度の高い主食
　・第二次世界大戦以降 →(⑯＿＿＿＿＿＿＿) を中心に穀物生産の増強をはかる
　・1990 年代後半以降 →(⑰＿＿＿＿＿＿) 栽培への切り替え，
　　　　　　　　　　　海外からの小麦や米の輸入
　・食料生産の増加への取り組み→ 1990 年代から (⑱＿＿＿＿＿＿) の開発

Words
栄養供給量　灌漑設備　干ばつ　キャッサバ　サブサハラ　消費　食の不均衡　食品ロス
食用　飼料　生産・流通　単一耕作　とうもろこし　土壌の劣化　土地生産性　ネリカ米
ハンガーマップ　労働生産性

Work & Challenge

課題 A　栄養不足人口割合が 35 %以上である，下記の国を青で着色しよう。

ソマリア　ジンバブエ　中央アフリカ　ハイチ　マダガスカル

北朝鮮　コンゴ民主共和国　リベリア　ギニアビサウ　レソト

(2020 ～ 22 年)

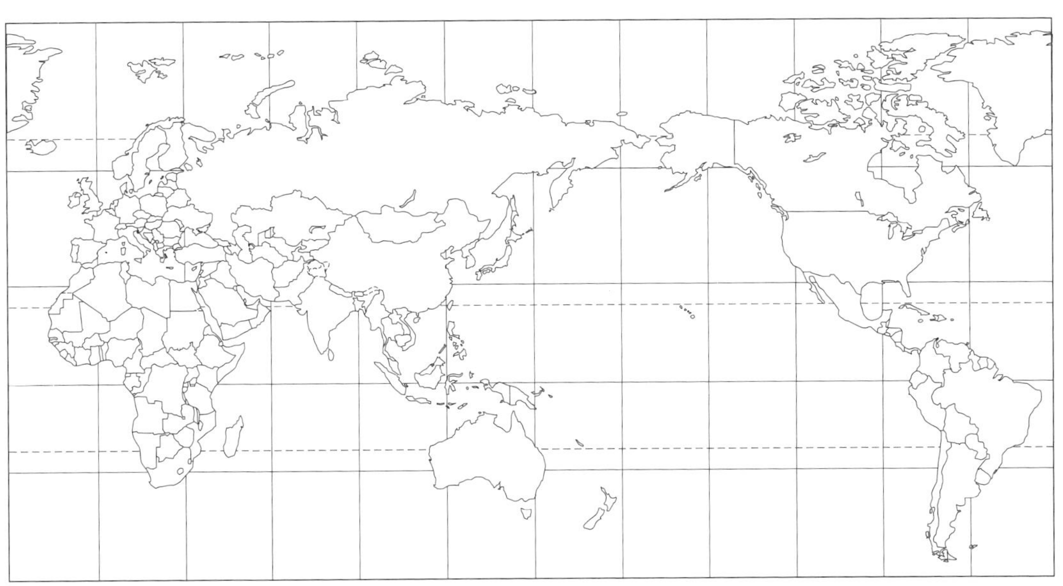

課題 B　教科書 p.188 図**4**を見て，次の問いに答えよう。

(1)　サブサハラで土地生産性と労働生産性がともに低い理由を，教科書をもとに説明しよう。

(2)　サブサハラで土地生産性を高めるには，どの地域の農業を参考に，どのような取り組みを行えばよいか，提案しよう。

(3)　同様に，サブサハラで労働生産性を高めるための取り組みについて，提案しよう。

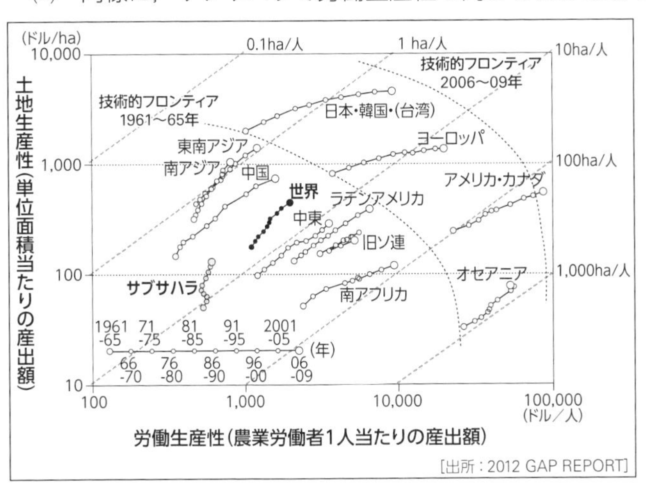

Memo

4 居住・都市問題

Basic

1　発達する都市

a. 都市に人口が集まる理由／ b. 都市と村落

・世界の都市人口率→ 2007 年に 50％をこえた

・都市の魅力：恵まれた (①＿＿＿＿) 機会

先端的な文化や最新の流行に触れ，消費する機会が多い

・大都市の中心部：(②＿＿＿＿＿＿＿＿) (CBD) → オフィス街

・昼間人口 ＞ 夜間人口→ (③＿＿＿＿＿＿) 現象

・(④＿＿＿＿)：低層の建造物からなる住宅地　　昼間人口 ＜ 夜間人口

2　都市への人口集中にともなう問題

a. 都市と農村の格差／ b. 都市への人口集中

・低所得国：(⑤＿＿＿＿＿＿) (プライメイトシティ) に人口が集中→ (⑥＿＿＿＿＿)

例：(⑦＿＿＿＿＿) (不良住宅地区) の形成

(⑧＿＿＿＿＿＿＿＿＿＿) (⑨＿＿＿＿＿＿) など非合法労働の増加

c. フィリピン・マニラの例／ d . 解決に向けた対策

・急速な人口増加による (⑩＿＿＿＿＿) の進行・市街地の拡大

・山積する問題：廃棄物の処理問題，上下水道の整備の遅れ，

交通機関の混雑や自動車の渋滞 → (⑪＿＿＿＿＿＿) の原因に

・(⑫＿＿＿＿＿＿＿＿) による都市化と居住問題への取り組み

→衛生的な水の供給，(⑦＿＿＿＿＿) での子供の居住環境の改善

・日本などの支援 →　都市高速鉄道 (メトロレール) の整備 → 渋滞の解消へ

3　居住・都市問題と都市計画

a. 市街地の拡大／ b. 都市の衰退

・都市の郊外化→無秩序な開発による (⑬＿＿＿＿＿＿＿) 現象の発生

↓ 大ロンドン計画により市街地を (⑭＿＿＿＿＿＿＿＿＿) で囲み，開発を規制

・(⑭) の外側に職住近接を目標とした，(⑮＿＿＿＿＿＿＿＿) の開発

・1970 年代の欧米先進国：産業構造の変化，製造業の空洞化

→人口減少による都市の衰退 →(⑯＿＿＿＿＿＿＿＿＿) 問題が発生

c. 環境の変化／ d. 中心地区の再開発

・東ヨーロッパなどからの移民や (⑰＿＿＿＿＿＿＿＿) の増加

・再開発の進行による人口の (⑱＿＿＿＿＿＿)

・(⑲＿＿＿＿＿＿＿＿＿＿＿＿＿)：居住者層が低所得層から中高所得層に変化

・(⑳＿＿＿＿＿＿＿＿＿＿) 政策＝主要な機能を集め，公共交通機関だけで

生活できるように都市計画を進める

Words　インナーシティ　インフォーマルセクター　外国人労働者　過密化　グリーンベルト　郊外　国連ハビタット　コンパクトシティ　ジェントリフィケーション　児童労働　首位都市　就業　スプロール　スラム　大気汚染　中心業務地区　都市化　都心回帰　ドーナツ化　ニュータウン

Work & Challenge

課題 A　下図は国・地域別にみた都市人口の割合と大都市の分布を表したものである。

(1)　都市人口率 70％以上の割合を示している国を赤で着色しよう。

(2)　人口 1000 万人以上の①～⑤の都市名を答えよう。

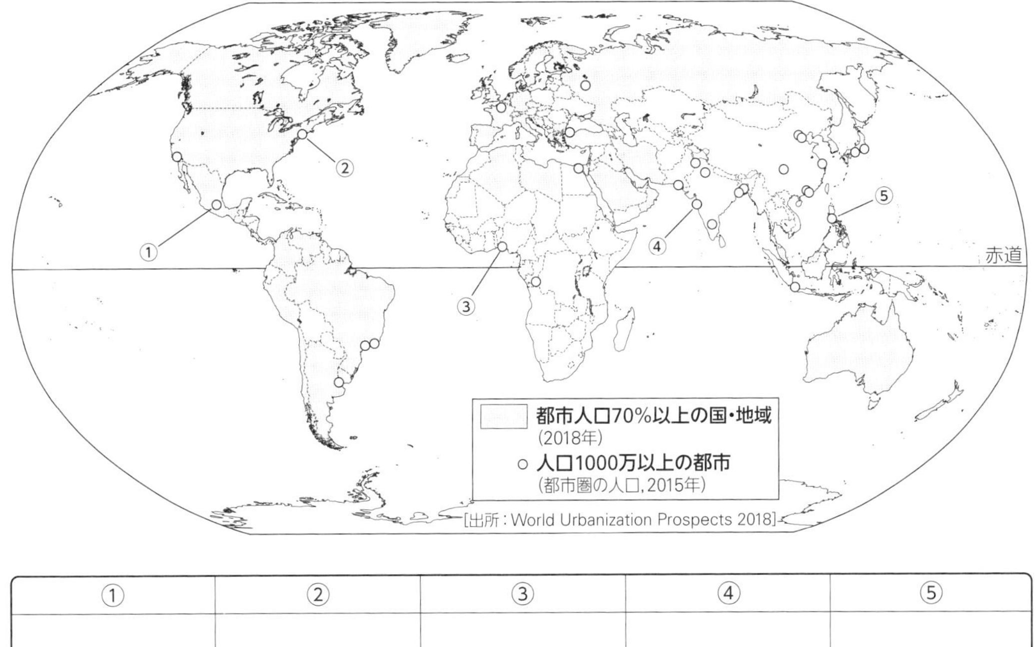

①	②	③	④	⑤

課題 B　下の図は，1939 年（昭和 14 年）に計画された「東京緑地計画」の地図（図の濃い部分が緑地になる予定だった）である。教科書 p.194 図**3**と比較し，なぜ東京では都市の周囲を緑地帯で囲もうとしたのかを考え，まとめてみよう。また，この計画は実現したのか，調べてみよう。

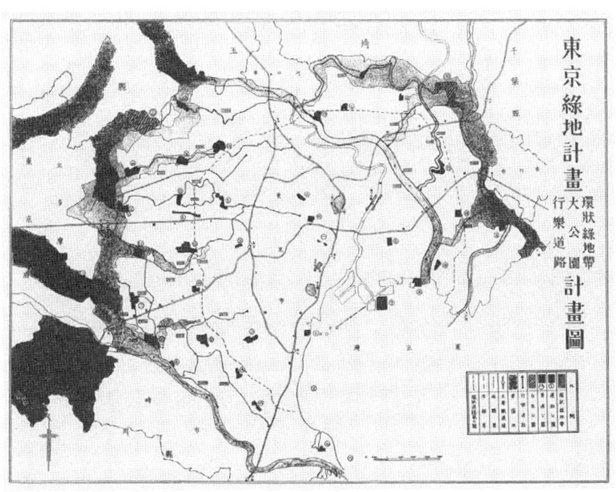

Memo

1 日本の自然環境と防災 (1)

教科書 p.200 ～ 203

Basic

1　世界からみた日本の地形の特色

a. 日本列島の特色

・(①＿＿＿＿＿＿＿＿) に属する，５つの島弧(とうこ)からなる弧状列島

・海側と陸側の (②＿＿＿＿＿＿) の境界に位置する

・(③＿＿＿＿＿) ：日本には 111 あり，世界の約 1 割が日本に集中

・(④＿＿＿＿＿) ：現在も活動を繰り返す断層

・(⑤＿＿＿＿＿＿＿＿) ：本州の中央部にある地溝帯

→(⑥＿＿＿＿＿＿＿＿＿) を境に日本列島は東北日本と西南日本に分かれる

・(⑦＿＿＿＿＿＿＿) ：西南日本を，関東地方西部から四国地方まで伸びる断層線

→中央構造線に沿って，多くの (④＿＿＿＿＿) が分布

b. 日本の河川の特色

・短く急勾配，流域面積が小さいため，侵食作用が活発で，土砂の運搬量も大きい

・山地と平野との境界に (⑧＿＿＿＿＿)，下流域では氾濫原や (⑨＿＿＿＿＿) を形成

・急峻な地形に (⑩＿＿＿＿) を建設→生活・農業・工業用水や治水，水力発電など

c. 生活との関わり

・山地と丘陵(きゅうりょう)地の面積の占める割合が高く，平野の割合が低い

→三大都市圏など人口の多い地域は平野に集中し，洪水や高潮などの被害を受けやすい

2　世界からみた日本の気候の特色

a. 地域により異なる気候

・日本列島：中緯度のユーラシア大陸の東岸に位置する

→(⑪＿＿＿＿＿) や (⑫＿＿＿＿) の位置や動きにより，(⑬＿＿＿＿) が見られる

b. 冬の気候

・シベリア東部に発達するシベリア気団によって (⑭＿＿＿＿＿＿) の気圧配置となる

→北西の (⑪＿＿＿＿＿) が吹きこみ，暖流の (⑮＿＿＿＿＿＿) の影響で日本海側では雪が多く，(⑯＿＿＿＿＿＿) をこえた太平洋側では晴天の日が続く

c. 周期的に変化する春の気候

・移動性高気圧と低気圧が西から東に通過し，周期的に天候が変わる

→(⑰＿＿＿＿＿＿＿＿) ：太平洋側からの乾いた風が日本海側に吹き降りるときに発生し，日本海側では乾燥し気温が高くなる

→６月ごろには本州に (⑱＿＿＿＿＿＿) が停滞(ていたい)し，集中豪雨が発生する

d. 夏の気候／ e. 台風と秋の気候

・小笠原(おがさわら)気団の勢力が強まると梅雨が明け，盛夏となる

・夏の終わりから秋にかけて台風や (⑲＿＿＿＿＿＿＿) が日本列島に接近する

・9 月から 10 月は (⑳＿＿＿＿＿＿) による長雨が続く

Words
秋雨前線　糸魚川一静岡構造線　活火山　活断層　環太平洋造山帯　季節風　気団　三角州　四季　西高東低　脊梁山脈　扇状地　ダム　中央構造線　対馬海流　熱帯低気圧　梅雨前線　フェーン現象　フォッサマグナ　プレート

Work & Challenge

課題A　教科書 p.200 図1を参考に，次の課題に取り組もう。

(1)　下の地図の空欄に名称を記入しよう。

(2)　プレート境界の狭まる境界を黒，広がる境界を赤でなぞろう。

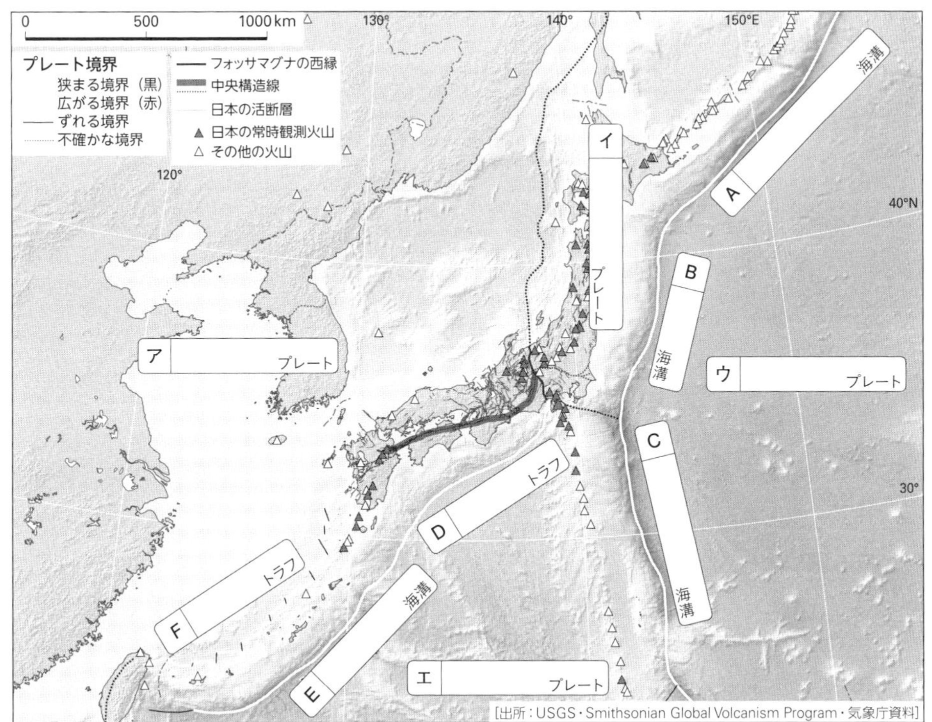

課題B　下のA～Cは2018年の6月21日，8月21日，12月12日のいずれかの日の日本周辺の天気図である。A～Cのそれぞれにあてはまる日を答えよ（天気図は気象庁「日々の天気図」による。H：高気圧，L：低気圧，T：台風）。

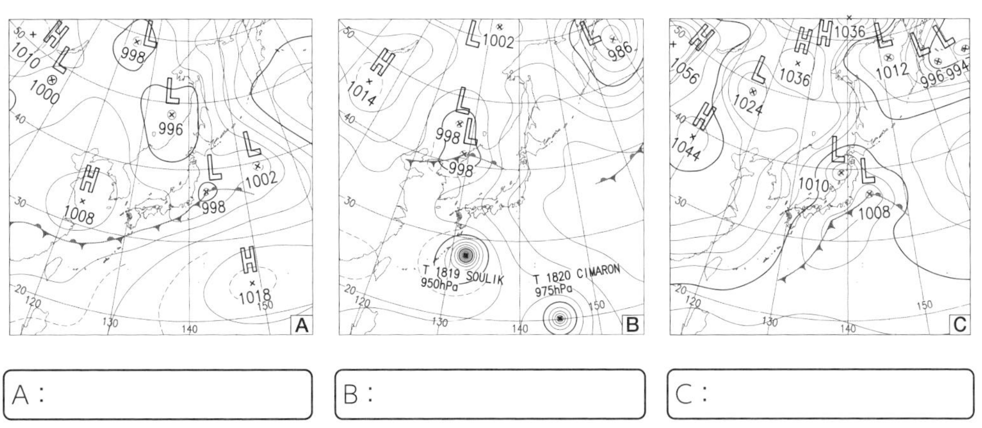

A：

B：

C：

Memo

1 日本の自然環境と防災 (2)

Basic

3 風水害と防災

a. 雨による災害

・山間部や斜面のある地域での災害

(①＿＿＿＿)	山の斜面や渓流の底の土砂が，豪雨をきっかけに一気に流れ下る
(②＿＿＿＿)	地中にしみ込んだ水が斜面を動きやすくし，豪雨をきっかけに急激に斜面が崩れる
(③＿＿＿＿)	斜面全体または一部が，地下水と重力の作用でまるごと移動する

・平坦な地域での災害

(④＿＿＿＿)	河川の水量が増えて，堤防が決壊したり，堤防を越えて水があふれ出したりする
(⑤＿＿＿＿)	雨水を河川へ流す排水が追い付かず，小さなマンホールや側溝から水があふれ出し，市街地が浸水する

・近年は (⑥＿＿＿＿) の増加や (⑦＿＿＿＿) の進行によって，被害の規模が大きくなっている

b. 雪による災害

・(⑧＿＿＿＿)：山の斜面に積もった大量の雪が，急激に崩(くず)れ落ちること

・近年は，地吹雪(じふぶき)による交通事故も起きている

・豪雪地帯の多い (⑨＿＿＿＿) の地域：→ 高齢化が進み，雪下ろし中の事故も多い

・雪が比較的少ない (⑩＿＿＿＿) の都市：→ 数 cm の積雪でも交通機関が乱れる

c. 風・高潮による災害

・(⑪＿＿＿＿) や竜巻などの暴風・突風 → 建物や農地に被害

→暴風が山の木をなぎ倒すと，流木(りゅうぼく)が川をせきとめ洪水の原因にもなる

・(⑫＿＿＿＿) の被害…海岸に面した低地 → 浸水の被害

・(⑪＿＿＿＿) や低気圧の接近により気圧の低下で海面が吸い上げられ，発生する

・(⑬＿＿＿＿) の時間が重なると，被害がさらに大きくなる。

d. 災害に対する備え

・風水害は事前に (⑭＿＿＿＿) が出ていれば，対応するまでに猶予(ゆうよ)がある

・自治体や気象庁から発表される防災情報

→避難行動の指針となる５段階の (⑮＿＿＿＿) が設けられているため，テレビやインターネットで確認し，余裕をもって避難行動をしたい

・(⑯＿＿＿＿)：自分の住んでいる地域では，どのような災害が起こりうるか，地図をもとに把握する

Words
外水氾濫　崖崩れ　警戒レベル　集中豪雨　台風　太平洋側　高潮　地すべり　都市化
土石流　内水氾濫　雪崩　日本海側　ハザードマップ　満潮　予報

Work & Challenge

課題 A　下のハザードマップを見て，課題に取り組もう。

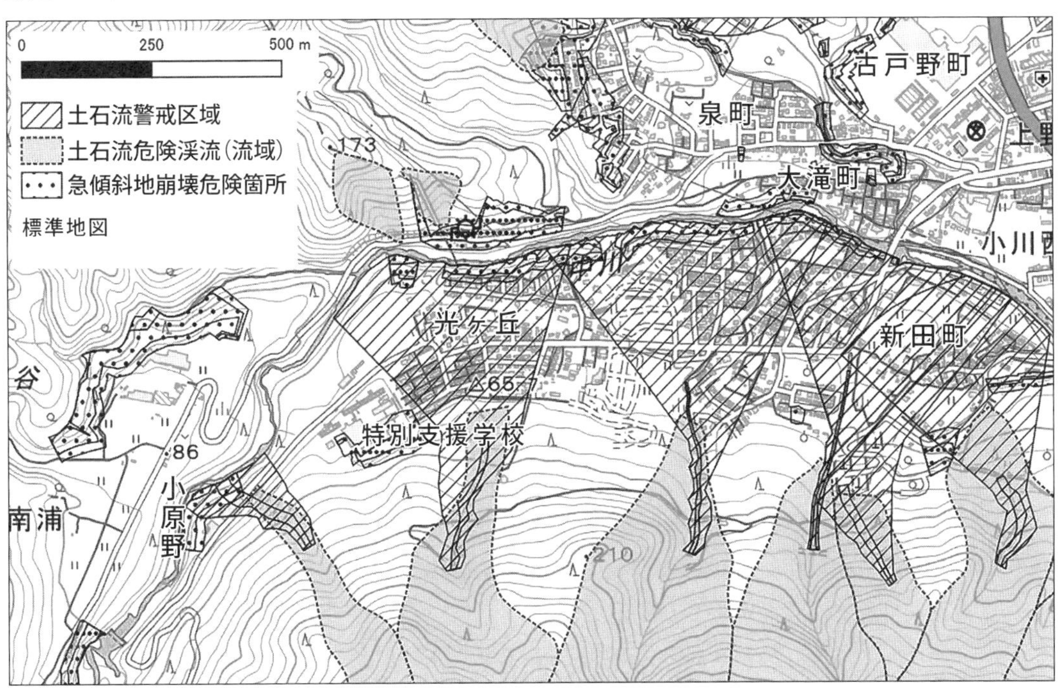

(1)　点線で囲まれた土石流危険渓流（流域）内に，教科書 p.40 を参考に谷線を青色で描いてみよう。

(2)　土石流警戒区域を黄色で，急傾斜地崩壊危険箇所を緑色で着色してみよう。

(3)　どのような場所が土石流警戒区域，急傾斜地崩壊危険箇所に指定されているか，考えよう。

土石流警戒区域：

急傾斜地崩壊危険箇所：

課題 B　あなたの学校の周辺で，過去に発生した水害について調べてみよう。

調べ方の例
・地域に長く住む高齢者に話を聞く
・自治体などが発行した「市町村史」を調べる
・地域の学校が作成した「校史」を調べる
・自治体のウェブサイトなどをインターネットで調べる

まとめる項目の例
・災害の種類
・発生年月日
・発生した場所（略地図）
・被害状況

課題 C　自宅の位置する地域のハザードマップを，市町村役所や自治体のウェブサイトなどで入手しよう。また，地理院地図や地形図も活用し，災害時に家族が避難する場所と，そこへ向かう避難経路を確認し，実際に歩いてみよう。

Memo

1 日本の自然環境と防災 (3)

教科書 p.208 ～ 209

Basic

4　火山の噴火と防災

a. 火山がもたらす恩恵 …日本には 111 以上の活火山

・風光明媚な景観：(①＿＿＿＿＿) … 白根山の湯釜など

(②＿＿＿＿＿＿) … 摩周湖，芦ノ湖など

・山麓から湧き出る豊富な (③＿＿＿＿＿) を利用した製紙・パルプ産業

・マグマの熱を利用した (④＿＿＿＿)，(⑤＿＿＿＿＿＿)

b. さまざまな火山と災害

・一次災害：溶岩流，火砕流，火山灰，噴石，火山ガス

・二次災害：

・(⑥＿＿＿＿＿＿) や (⑦＿＿＿＿＿＿) …火山灰が降り積もった後の降雨による

・(⑧＿＿＿＿) …火山噴出物が大量に海や湖に流れ込んで発生：「島原大変肥後迷惑」

・火山噴出物の漂着…海底火山が大規模噴火

→海流に乗って軽石などが遠く離れた海岸に漂着：小笠原諸島「福徳岡ノ場」の噴火

c. 火口から近い場所での被害

・(⑨＿＿＿＿＿)：マグマが高温の液状のまま地表を流れる現象

・(⑩＿＿＿＿＿)：高温の火山灰と (⑪＿＿＿＿＿＿) が一気に流れ下る現象

d. 火口から遠い場所での被害

・(⑫＿＿＿＿＿) による被害：火口付近だけでなく，広範囲に及ぶ

→特に日本では (⑬＿＿＿＿＿＿) の影響で火口の東側で厚く積もる傾向がある

・数mmの降灰でも，農作物の生育不良や視界不良による交通への影響，精密機械の故障などを引き起こす

→被害の予防，軽減のため，噴火の段階に応じて，(⑭＿＿＿＿＿＿) を確認

【問】 下の図中の A ～ E に当てはまる語句を，教科書 p.208 図4を見て答えよう。

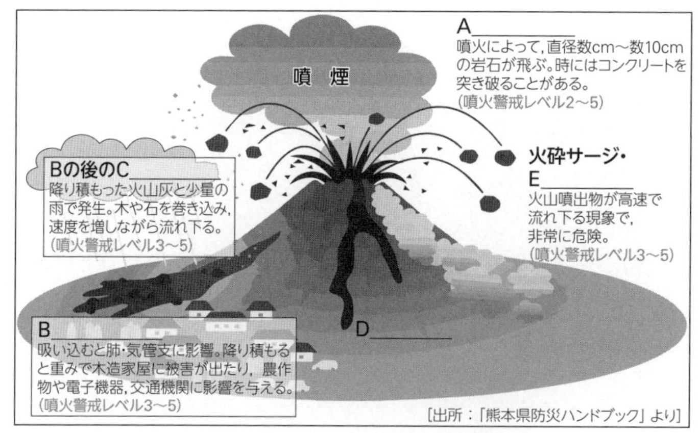

[出所：「熊本県防災ハンドブック」より]

A	
B	
C	
D	
E	

Words　温泉　火口湖　火砕流　火山ガス　火山泥流　火山灰　カルデラ湖　降灰予報　地下水　地熱発電　津波　土石流　偏西風　溶岩流

Work & Challenge

学習した日　　年　　月　　日

課題 A　火山に関する以下の課題に取り組もう。

(1)　地図帳などを参考に，下の日本地図におもな活火山の位置を例にならって番号で記入しよう。

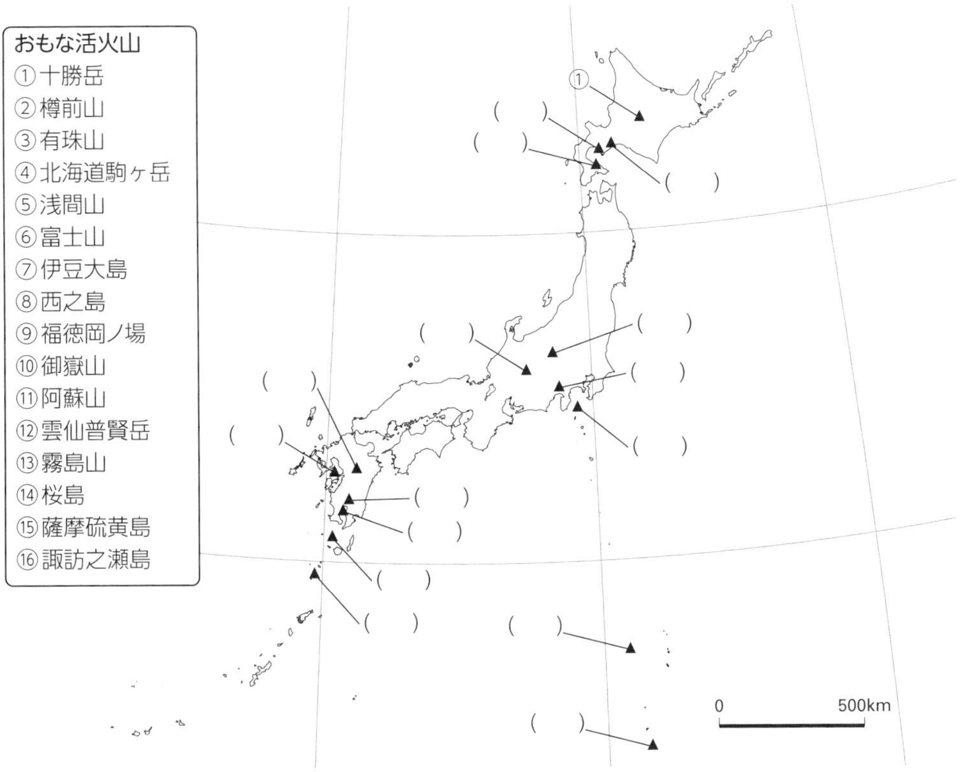

(2)　気象庁防災情報 (噴火警報・予報) を調べて，噴火警戒レベルが 2 以上の火山があれば，下の欄に書き出そう。

噴火警戒レベル 2 以上の火山：

課題 B　下記のリンク集にあるウェブサイトなどをもとに，あなたの居住する地域に最も近い「噴火警戒レベル対象火山」について調べてみよう。

役立つリンク集
- 気象庁 | 噴火警報・噴火速報
  https://www.jma.go.jp/bosai/map.html#5/34.5/137/&contents=volcano
- 気象庁火山カメラ画像
  https://www.data.jma.go.jp/vois/data/tokyo/volcam/volcam.php
- 火山ハザードマップデータベース
  https://vivaweb2.bosai.go.jp/v-hazard/

まとめる項目の例
- 火山名
- 噴火警戒レベル
  (発表されている場合)
- 火山の位置 (略地図)
- 噴火した場合，
  周辺に予想される被害

Memo

1 日本の自然環境と防災 (4)

教科書 p.212 ～ 213

Basic

5　地震・津波と防災

a. 地震の発生メカニズム

・(①＿＿＿＿＿＿＿＿)：プレートの境界にたまった歪(ひず)みで，大陸プレートが跳(は)ね上がり，エネルギーが解放されることで起こる

例：(②＿＿＿＿＿＿＿＿) … 東日本大震災をもたらした

・マグニチュード 9.0，最大震度７を記録

・北海道から四国にまで広範囲に２m 以上の (③＿＿＿＿) が到達

・(④＿＿＿＿＿＿) …大陸プレート内の (⑤＿＿＿＿) が動くことによっておこる。震源が浅いため，直上の居住地域に大きな被害が出る

b. 津波による被害

・(③＿＿＿＿) …地震によって海底の断層が上下方向に動き，それによって海水が大きく上下変動することで起きる。

c. 地震による被害

・建物や道路の崩壊，火災，山間部の土砂崩れ，地割れなど

・(⑥＿＿＿＿＿＿) …海岸近くの (⑦＿＿＿＿) や湿地を開発した軟弱な地盤で発生
→噴砂(ふんさ)や (⑧＿＿＿＿＿)，道路陥没(かんぼつ)なども発生

・地震の揺れへの対策

・(⑨＿＿＿＿) … 地震の揺れに耐えられる堅牢(けんろう)な建物の構造にする

・(⑩＿＿＿＿) … 地震の揺れを地盤から建物に直接伝えないようにする

・(⑪＿＿＿＿) … 地震の揺れを吸収して揺れを小さくする

・地震・津波の (⑫＿＿＿＿＿＿＿) を調べ，避難経路や避難所を確認しておく

【問】 下の表中にある過去に発生した地震について，インターネットを使って調べ，地震のタイプを「プレート境界の地震」か「陸域の浅い地震」に分類しよう。

地震名	発生年	規模 (M)	地震のタイプ
兵庫県南部地震	1995	M7.3	ア：
新潟県中越地震	2004	M6.8	イ：
スマトラ島沖地震	2004	M9.1	ウ：
ハイチ地震	2010	M7.0	エ：
東北地方太平洋沖地震	2011	M9.0	オ：
熊本地震	2016	M7.3	カ：

Words　埋立地　液状化現象　活断層　制震化　耐震化　地盤沈下　津波　東北地方太平洋沖地震　ハザードマップ　プレート境界の地震　免震化　陸域の浅い地震

Work & Challenge

課題 A　2011 年の東北地方太平洋沖地震の際，東京ディズニーランドとその周辺では，どのような被害が生じたのか，調べてみよう。また，そのような被害が生じた原因について，「今昔マップon the web」で東京ディズニーランド周辺を表示し，新旧地形図を比較しながら考えてみよう。

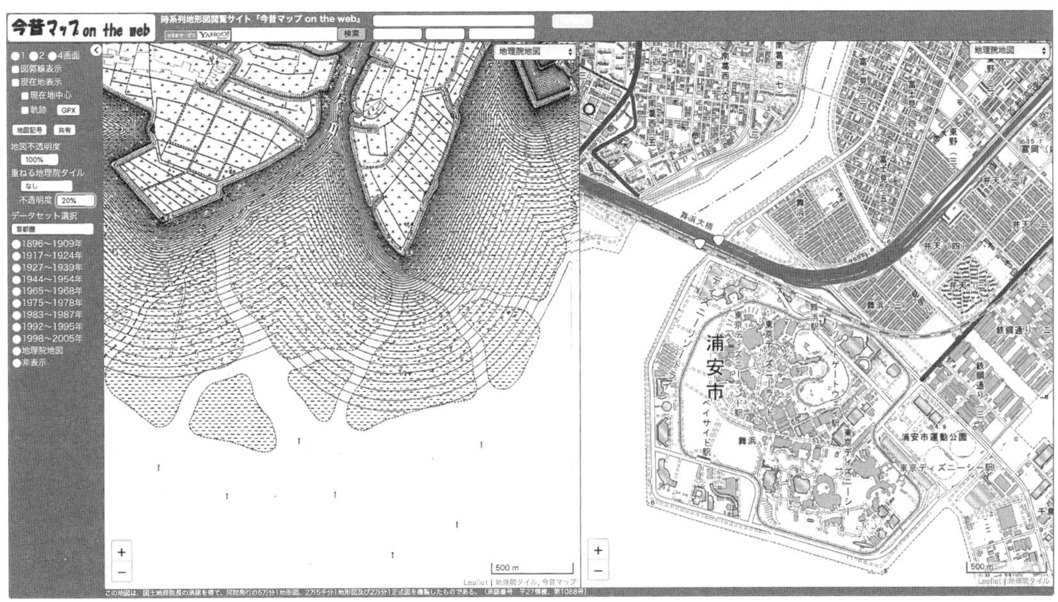

課題 B　次の作業と問いに取り組もう。

(1)　右の地形図のなかには，断層がずれた箇所がみられる。断層の方向に曲がっている谷線を青の細い線で記入し，赤のマーカーで断層を書き込んでみよう。

(2)　この断層は，岡山県美作（みまさか）市から兵庫県三木（みき）市まで続く「山崎（やまさき）断層帯」に属している。断層帯に沿って，どのような土地利用がみられるか，地理院地図を用いてたどってみよう。

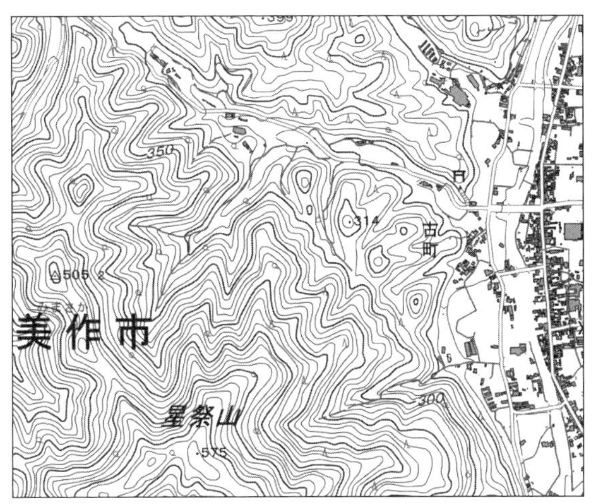

Memo

1 日本の自然環境と防災 (5)

Basic

6　都市型災害と防災

a. 都市河川と治水

・河川沿いの平野部に発達する三大都市圏

・(①＿＿＿＿＿＿＿＿) …工業用に大量の水をくみ上げたことによる

(②＿＿＿＿＿) が問題に

・浸水・洪水への対策

・ポンプによる排水，既存の堤防の強化

・(③＿＿＿＿＿＿)：処理できる流量の増加

・(④＿＿＿＿＿＿) (スーパー堤防) の整備 → 堤防決壊の防止

b. 帰宅困難者への対策

・災害時には，帰宅を急がない → 数日間は会社や学校で寝泊まりできる対策

・会社や学校が利用できない場合 (休日，出張時など)

→企業や自治体などが，帰宅困難者の一時滞在施設を整備

コンビニエンスストアなどを (⑤＿＿＿＿＿＿＿＿＿＿) として利用

7　防災への心構え～自助・共助・公助～

a. 自助・共助・公助で考える防災

・(⑥＿＿＿＿) …自分の身は自分で守る

→自分の生活する地域では，どのような災害が発生すると危ないのか，

(⑦＿＿＿＿＿) はどこか，といった情報を普段から把握しておく

・(⑧＿＿＿＿) …周りの人と協力して，困っている人を助ける

→災害の規模が大きくなれば，公的な救助や支援が届くまでに時間がかかる

家族や近所の人たちとの協力が大切なため，普段からのコミュニティづくりが必要

・(⑨＿＿＿＿) …警察や消防，自衛隊などの公的機関による救助や支援活動

→避難所での生活物資の援助，(⑩＿＿＿＿＿) の建設は⑨によって行われる

よりきめ細かい支援には，被災者同士の⑧や (⑪＿＿＿＿＿＿＿) が必要

b. タイムラインで考える防災

・災害発生から被害が大きくなるまでの時間 → 災害の種類により異なる

→適切な判断のために (⑫＿＿＿＿＿＿＿＿＿＿＿) に沿った情報共有が必要

・災害時には，被害の全貌を知ることが大切

・地図上での情報共有システム：→ 災害情報を収集し，地図上で視覚的に確認

・(⑬＿＿＿＿＿) の活用：多くの情報が迅速(じんそく)に手に入る

→不正確な情報や誤報，デマには注意が必要

・避難時には，被災者の精神的なケアが必要

→慣れない暮らしに健康を害することが原因の (⑭＿＿＿＿＿＿) への対策，

家族を失った子供への支援など，継続的な体制づくりが必要

Words
仮設住宅　共助　高規格堤防　公助　災害関連死　災害時帰宅支援ステーション　自助
地盤沈下　ゼロメートル地帯　タイムライン (防災行動計画)　地下放水路　避難所
ボランティア活動　SNS

Work & Challenge

課題 A　自分の住んでいる地域のハザードマップを確認し，震災時に公共交通機関が停止した場合を想定し，自宅から周辺の 2，3 か所の避難所への避難経路を考え，略地図を下に描こう。避難時に注意する箇所があれば，印をつけて書き込もう。

課題 B　学校からの帰宅途中に大地震が発生し，帰宅困難になったときのために，あらかじめ調べておくべきことについて考えよう。

(1)　食料はどこにありますか？

(2)　夜はどこで過ごしますか？

(3)　断水時のトイレはどうしますか？

Memo

2 生活圏の諸課題と地域調査（1）

教科書 p.222 ～ 225

Basic

地域調査の手順

1．(①＿＿＿＿＿＿) **の発見**…みんなで調べた課題を出し合い，分類・整理する
・課題の多くは，以下のように分類できる
Ⓐ地域の自然や歴史・文化に関する課題
（農地の荒廃，森林の管理，不法投棄）
Ⓑ地域の産業や経済に関する課題
（産業・商店街の空洞化，観光客の減少など）
Ⓒ地域のコミュニティや文化に関する課題
（少子化，高齢化，過疎化，限界集落など）
Ⓓ自然災害や人的災害の対策に関する課題
（無秩序な都市化，道路の渋滞，地震・津波の脅威など）

2．**地域調査の** (②＿＿＿＿) **と** (③＿＿＿＿) **の設定**
・気になる課題を発表し合う
・調査する課題を絞り込み，調査の (②＿＿＿＿) と (③＿＿＿＿) を設定する

3．(④＿＿＿＿＿) **の選定～文献調査**
・事例地域を決定する。
・統計資料や文献，新旧の (⑤＿＿＿＿) などを入手し，分析する
・結果をもとに地域の課題について仮説を立て，本調査の項目を決める

4．(⑥＿＿＿＿＿)
・土地利用調査・聞き取り調査・現地での資料収集
・デジタルカメラやスマートフォンなどを活用した景観調査

5．**調査結果の** (⑦＿＿＿＿)，(⑧＿＿＿＿)，(⑨＿＿＿＿)
・情報を取捨選択し，整理する
・仮説が正しかったか，意見交換
・必要に応じて (⑩＿＿＿＿)

6．**他地域との** (⑪＿＿＿＿)
・事例地域と同じような課題を抱えていた地域での解決事例を調査する
・事例地域と対照的な地域を調べ，比較，考察する

7．**調査結果の** (⑫＿＿＿＿) **と** (⑬＿＿＿＿)
・レポート，報告書，ポスター，プレゼンテーションソフトなどでまとめる
・インターネットでの情報発信
・収集した資料の出所を明記する
・報告書や (⑭＿＿＿＿) の発送

Words 現地調査　考察　再調査　事例地域　整理　地域的課題　地形図　テーマ　発表　比較　分析　まとめ　目的　礼状

Work & Challenge

課題 A 「都道府県民１人当たりの所得」について階級区分図を作成しよう。

北海道	2617	石川県	2908	岡山県	2732
青森県	2558	福井県	3157	広島県	3068
岩手県	2737	山梨県	2873	山口県	3048
宮城県	2926	長野県	2882	徳島県	2973
秋田県	2553	岐阜県	2803	香川県	2945
山形県	2758	静岡県	3300	愛媛県	2656
福島県	3005	愛知県	3633	高知県	2567
茨城県	3116	三重県	3155	福岡県	2800
栃木県	3318	滋賀県	3181	佐賀県	2509
群馬県	3098	京都府	2926	長崎県	2519
埼玉県	2958	大阪府	3056	熊本県	2517
千葉県	3020	兵庫県	2896	大分県	2605
東京都	5348	奈良県	2522	宮崎県	2407
神奈川県	3180	和歌山県	2949	鹿児島県	2414
新潟県	2826	鳥取県	2407	沖縄県	2273
富山県	3295	島根県	2619		

⑴　上の図に着色するか，GIS ソフトを用いて階級区分図を作成してみよう。

⑵　表や作成した階級区分図からわかることをまとめよう。

課題 B 次の京都府における納税義務者１人当たりの給与所得の階級区分図を見て，気づいたことをまとめよう。またどうしてそのような差異が生まれるのかを考えよう。

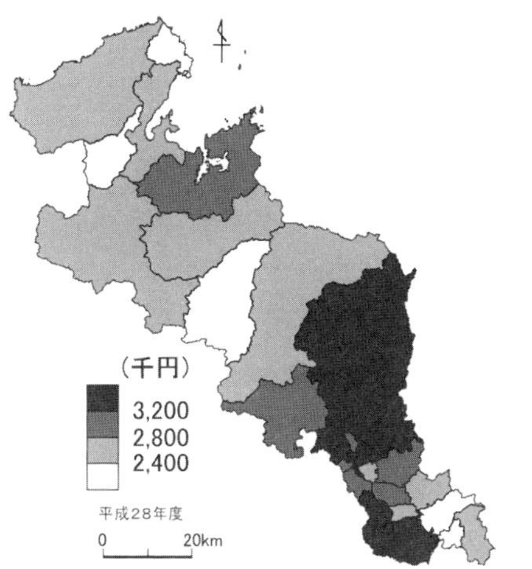

Memo

2 生活圏の諸課題と地域調査 (2)

教科書 p.226 ～ 231

Basic

地域調査① 事例地域の選定 ～ 事前調査

・文字情報による資料は，空間的に把握することが難しい
→(①________) などを使用し，地図化して地域を比較していくことが大切
・目立つ地域を候補地にしてみる
→数値の極端さが目立つ地域や過去と比較して，大きく変化している地域
・候補地の地域の特徴を大まかに理解して，事例地域を絞る
・(②________) や Google Earth などを使用
→景観の変化を調べたり，特徴的な産業や自然環境を調べたりする
空中写真や，ストリートビューの活用
・(①________) を用いて統計資料をもとに (③________) を作成し，地域の特徴をとらえる
・町丁別の (④________) の結果
→(⑤________) をつくり，自治体内での地域差を把握
・国土交通省が公開している (⑥________) データの利用
→医療機関・福祉施設，観光資源などの (⑦________) を地図化する
・(⑤________) や各種施設の (⑦________) の傾向をもとにして (⑧________) を立てる
→事例地域の地域史や公的機関の発行する文献・統計，論文などを参考にする

地域調査② 現地調査 ～ 調査地図の作成

・仮説をもとにした (⑨________) ：実際に現地を歩く
→地図からは読み取れない地域の (⑩________) や (⑦________) を調べる
・建物の特徴や交通事情，街を歩く人の特徴，小売店に並んでいる品物など
・店舗を種類ごとに色分けして地図上に整理，気づいたことをまとめる
→調査結果を調査地図にまとめる
・仮説を検証するための (⑪________) ：事前準備を入念に行う
→聞き取り内容に加え，人数・地域，職種，年齢層などの対象を事前に決めておく

地域調査③ 他地域との比較 ～ まとめ

・事例地域内での比較，別の地域との比較
→ 事例地域のなかで，性格の異なる二つの地域を比較し，類似点や相違点を整理する
→ 過去の研究を参考に，同じような特徴を持つ別の地域と比較して，規則性を探す
・調査結果を整理する中で出てきた地域の課題の解決策を考える
→自治体の提示している地域振興プラン
同じような課題を抱える地域の解決策などを参考にしたりしながら，
オリジナルの課題の解決策を考える

Words 階級区分図　仮説　聞き取り調査　景観　現地調査　国勢調査　国土数値情報　主題図　地理院地図　分布　GIS

地理総合 ワークブック

地総704準拠

解答編

二宮書店

1 球面上の世界 p.2~3

Basic ①23度26分 ②自転 ③公転 ④緯線 ⑤赤道 ⑥経線 ⑦本初子午線 ⑧グリニッジ天文台 ⑨人工衛星 ⑩世界測地系 ⑪GMT ⑫UTC ⑬15 ⑭標準時 ⑮サマータイム ⑯135 ⑰JST ⑱等時帯地図 ⑲日付変更線 ⑳キリバス

Work & Challenge

課題A a：赤道 b：北回帰線 c：北極圏 d：23(度)26(分) e：夏 f：冬

課題B ①6月23日 ②12月23日 ③3月23日 ④10月23日

課題C ②20日8時 ③+3／20日11時 ④+8／20日16時 ⑤+10／20日18時 ⑥−8／20日0時 ⑦−5／20日3時 ⑧150° W／19日22時

2 世界からみた日本の位置と領域(1) p.4~5

Basic ①海洋国家 ②メルカトル ③等角航路 ④海図 ⑤電子地図 ⑥正距方位 ⑦大圏コース ⑧航空路線図 ⑨国際連合旗 ⑩日本 ⑪ヨーロッパ ⑫図法 ⑬モルワイデ

Work & Challenge

課題A 東京からみた方位：A 北北西 B 北北東 C 東 D 北西 E 南南西

A～E 地点からみた方位：A 北東 B 北北西 C 西 D 北東 E 東

課題B 略

3 世界からみた日本の位置と領域(2) p.6~7

Basic ①領域 ②国交 ③自然的国境 ④人為的国境 ⑤シェンゲン協定 ⑥領土 ⑦接続水域 ⑧排他的経済水域 ⑨延長大陸棚 ⑩択捉島 ⑪沖ノ鳥島 ⑫与那国島 ⑬南鳥島 ⑭国後島 ⑮歯舞群島 ⑯色丹島 ⑰竹島 ⑱尖閣諸島 ⑲レアメタル ⑳メタンハイドレート

Work & Challenge

課題A (a)択捉島 (b)南鳥島 (c)沖ノ鳥島 (d)与那国島

課題B ア：領空 イ：領土 ウ：領海 エ：排他的経済水域 オ：接続水域 カ：大陸棚 キ：公海

課題C 略

4 国内や国家間の結びつき(1) p.8~9

Basic ①国際連合（UN） ②OECD ③USMCA ④EU ⑤ASEAN ⑥メルコスール ⑦G20サミット ⑧GNI ⑨ODA ⑩NGO ⑪NPO ⑫WFP ⑬JICA ⑭ハブアンドスポーク ⑮ハブ空港 ⑯LCC ⑰ICT ⑱光ファイバーケーブル ⑲eコマース ⑳デジタルデバイド

Work & Challenge 略

5 国内や国家間の結びつき(2) p.10~11

Basic ①垂直貿易 ②オイルショック ③水平貿易 ④南南問題 ⑤水上交通 ⑥コンテナ貨物船 ⑦コンテナターミナル（ハブ港） ⑧ランドブリッジ ⑨WTO ⑩FTA ⑪EPA ⑫LCC ⑬ビザ ⑭ハードツーリズム ⑮ソフトツーリズム ⑯世界遺産 ⑰オーバーツーリズム

Work & Challenge

課題A ①天津 ②大連 ③釜山 ④光陽 ⑤青島 ⑥上海 ⑦寧波舟山 ⑧厦門 ⑨広州 ⑩深圳 ⑪香港 ⑫ポートクラン ⑬シンガポール ⑭ポートヘッドランド ⑮ロサンゼルス ⑯ヒューストン ⑰サウスルイジアナ ⑱イタキ ⑲ロッテルダム ⑳アントウェルペン

課題B 中国，トルコ，タイ，日本，マレーシア，香港，アラブ首長国連邦

6 暮らしのなかの地図とGIS(1) p.12~13

Basic ①地図アプリ ②路線図 ③案内図 ④一般図 ⑤主題図 ⑥地理空間情報 ⑦基盤地図情報 ⑧電子国土基本図 ⑨地理院地図 ⑩土地条件図 ⑪等高線 ⑫広葉樹林 ⑬荒地 ⑭税務署 ⑮自然災害伝承碑 ⑯市町村界 ⑰三角点 ⑱水準点

Work & Challenge

課題A ①約109 m ②約74,250平方メートル

課題B 更新世段丘，大阪城は切土地および高い盛土地

課題C ③約143.5 m ④約8.2 m

7 暮らしのなかの地図とGIS(2) p.14~15

Work & Challenge

課題A (1)：う (2)：い (3)：C・D (5)：扇状地 (6)：天井川

課題B (1)：西 (2)：砂州，ラグーン (3)：お

(4)：2.4km～3.4kmの範囲であれば正解

8 暮らしのなかの地図とGIS(3) p.16~17

Work & Challenge

課題C (1)：①う ②あ (2)：い (3)：え

課題D (1)：③ (2)：② (3)：423m (4)：う・か

9 暮らしのなかの地図とGIS(4) p.18~19

Basic ①地理空間情報 ②位置情報 ③ベクタ型 ④ラスタ型 ⑤属性情報 ⑥GIS ⑦レイヤ ⑧GNSS ⑨GPS ⑩みちびき ⑪G空間社会 ⑫ビッグデータ

Work & Challenge

課題A 熊本県玉名郡長洲町周辺の地理院地図。画面上部の学校周辺で新旧の空中写真を比較すると，尾根筋にあった水田がなくなり，宅地化されていることがわかる。尾根筋か谷筋かの判別がしにくい場合は，色別標高図で塗り分けるとよい。

課題B 「MANDARA JS」には，予め都道府県，気候，地価，人口などのデータが用意されているので，まずは，それらを活用してGISを活用した地図づくりにチャレンジするとよい。

10 地形と生活文化 (1) p.20～21

Basic ①内的営力 ②火山 ③変動帯 ④地震 ⑤噴火 ⑥外的営力 ⑦侵食 ⑧運搬 ⑨堆積 ⑩プレート ⑪プレートテクトニクス ⑫狭まる境界 ⑬衝突帯 ⑭沈み込み帯 ⑮海溝 ⑯広がる境界 ⑰海嶺 ⑱地溝帯 ⑲ずれる境界 ⑳安定大陸

Work & Challenge

課題A ①ロッキー ②アパラチア ③アンデス ④スカンディナヴィア ⑤アトラス ⑥ピレネー ⑦アルプス ⑧ウラル ⑨カフカス ⑩ザグロス ⑪アルタイ ⑫テンシャン（天山） ⑬カラコルム ⑭ヒマラヤ ⑮ドラケンスバーグ ⑯グレートディヴァイディング

課題B (A) 狭まる境界：日本の東側を通る太い線
(B) 広がる境界：大西洋を南北に通る太い線
(C) ずれる境界：カリフォルニアを通る細い線

11 地形と生活文化 (2) p.22～23

Basic ①V字谷 ②谷底平野 ③河岸段丘 ④砂礫 ⑤水無川 ⑥氾濫原 ⑦自然堤防 ⑧後背湿地 ⑨三日月湖 ⑩三角州 ⑪海食崖 ⑫砂嘴 ⑬砂州 ⑭トンボロ ⑮ラグーン ⑯海岸平野 ⑰海岸段丘 ⑱フィヨルド ⑲リアス海岸 ⑳サンゴ礁

Work & Challenge

課題A a：海岸段丘 b：海岸平野 c：陸繋島 d：砂州・ラグーン e：リアス海岸 f：フィヨルド

課題B ①扇状地 ②扇頂 ③扇央 ④扇端 ⑤水無川 ⑥氾濫原 ⑦三角州 ⑧自然堤防 ⑨後背湿地 ⑩三日月湖

12 気候と生活文化 (1) p.24～25

Basic ①気候要素 ②気候因子 ③熱帯収束帯 ④亜熱帯高圧帯 ⑤貿易風 ⑥偏西風 ⑦下降気流 ⑧上昇気流 ⑨不凍港 ⑩海岸砂漠 ⑪季節風 ⑫大陸性気候 ⑬西岸気候 ⑭東岸気候 ⑮植生 ⑯熱帯(A) ⑰温帯(C) ⑱亜寒帯(D) ⑲乾燥帯(B) ⑳寒帯(E)

Work & Challenge

課題A

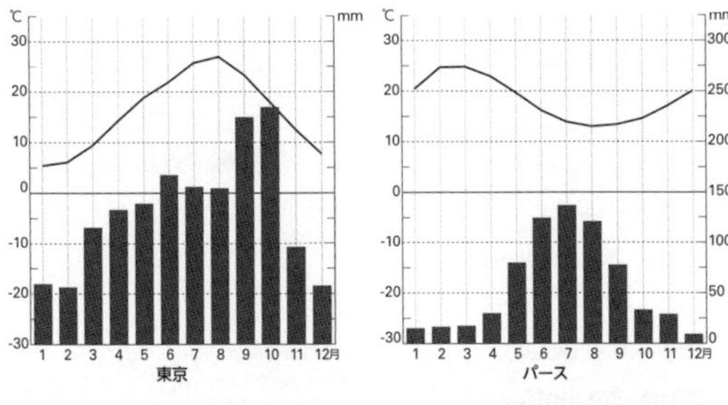

課題B ①：極東 ②：偏西 ③：北東貿易 ④：南東貿易

13 気候と生活文化 (2) p.26～27

Basic ①熱帯低気圧 ②高床式 ③マングローブ ④常緑広葉樹 ⑤季節風 ⑥熱帯収束帯 ⑦サバナ ⑧焼畑 ⑨プランテーション ⑩海岸砂漠 ⑪ワジ ⑫オアシス ⑬内陸河川 ⑭外来河川 ⑮カナート ⑯サヘル ⑰ステップ ⑱グレートプレーンズ ⑲乾燥パンパ ⑳遊牧

Work & Challenge

課題A ①砂漠気候(BW)／あ ②熱帯雨林気候(Af)／え ③サバナ気候(Aw)／う ④ステップ気候(BS)／い ⑤砂漠気候(BW)／お

14 気候と生活文化 (3) p.28～29

Basic ①亜熱帯高圧帯 ②地中海式農業 ③偏西風 ④照葉樹 ⑤落葉広葉樹 ⑥二期作 ⑦針葉樹 ⑧寒極 ⑨融雪洪水 ⑩永久凍土 ⑪高床式 ⑫遊牧 ⑬極夜 ⑭白夜 ⑮凍上現象 ⑯氷床

Work & Challenge

課題A ①西岸海洋性気候(Cfb)／い ②亜寒帯湿潤気候(Df)／う ③温暖湿潤気候(Cfa)／き ④地中海性気候(Cs)／あ ⑤亜寒帯冬季少雨気候(Dw)／お ⑥温帯冬季少雨気候(Cw)／か ⑦西岸海洋性気候(Cfb)／く ⑧ツンドラ気候(ET)／え

15 産業と生活文化 p.30～31

Basic ①自給的農業 ②焼畑 ③オアシス農業 ④商業的農業 ⑤企業的農業 ⑥穀物メジャー ⑦混合農業 ⑧地中海式農業 ⑨園芸農業 ⑩春小麦 ⑪酪農 ⑫産業革命 ⑬フォードシステム ⑭加工組立型工業 ⑮工業付加価値額 ⑯産業の空洞化 ⑰バリューチェーン ⑱第4次産業革命 ⑲モータリゼーション ⑳ e コマース

Work & Challenge 略

16 宗教･言語と生活文化 (1) p.32～33

Basic ①キリスト教 ②プロテスタント ③カトリック ④正教会 ⑤イスラーム ⑥メッカ ⑦仏教 ⑧ヒンドゥー教 ⑨ユダヤ教 ⑩神道 ⑪道教 ⑫主日 ⑬安息日 ⑭公用語 ⑮語族 ⑯母語 ⑰民族 ⑱帰属意識 ⑲多文化主義 ⑳多文化共生社会

Work & Challenge

課題A 略

課題B ハワイ語：B ロシア語：E オランダ語：D スペイン語：C トルコ語：A

17 宗教･言語と生活文化 (2) p.34～35

Basic ①移民 ②不法移民 ③難民 ④ロヒンギャ ⑤ UNHCR ⑥難民条約 ⑦グローバル化 ⑧画一化 ⑨ファストファッション ⑩多様化 ⑪大衆文化 ⑫多文化共生社会 ⑬マイノリティ

Work & Challenge 略

⑱ 経済発展と生活文化の変化～東アジア(1)　p.36～37

Basic　①ヒマラヤ山脈　②チベット高原　③黄河　④四川　⑤温帯冬季少雨気候（Cw）　⑥温暖湿潤気候（Cfa）　⑦チンリン・ホワイ線　⑧少ない　⑨多い　⑩小麦　⑪とうもろこし　⑫米　⑬二期作　⑭北京　⑮海産物　⑯唐辛子　⑰保存食　⑱億元戸　⑲ハイブリッド米　⑳化学肥料

Work & Challenge

課題A　①テンシャン（天山）　②タクラマカン　③クンルン（崑崙）　④チベット　⑤ヒマラヤ　⑥ゴビ　⑦チンリン（秦嶺）　⑧黄河　⑨長江

課題B　(1)　①ヤールー　②ハムギョン　③ランニム　④テベク　⑤ハン

(2)　あ：ピョンヤン　い：ハムフン　う：チョンジン　え：ソウル　お：テジョン　か：テグ　き：プサン

⑲ 経済発展と生活文化の変化～東アジア(2)　p.38～39

Basic　①社会主義市場経済　②経済特区　③経済技術開発区　④ WTO　⑤「世界の工場」　⑥ BRICS　⑦「世界の市場」　⑧一人っ子政策　⑨生産年齢人口　⑩郷鎮企業　⑪西部大開発　⑫漢江の奇跡　⑬軽工業　⑭重化学工業　⑮アジア NIEs　⑯セマウル運動　⑰電子工業　⑱ハブ空港　⑲コンテンツ産業　⑳合計特殊出生率

Work & Challenge

課題A　A：アモイ（厦門）　B：スワトウ（汕頭）　C：シェンチェン（深圳）　D：チューハイ（珠海）　E：ハイナン（海南）

課題B　７万元以上：北京市，上海市，江蘇省，福建省，天津市，浙江省，広東省，重慶市，湖北省，山東省，内モンゴル自治区

４万元未満：甘粛省

課題C　(1)：キムチ　(2)：カルビ

⑳ 経済発展と生活文化の変化～東アジア(2)　p.40～41

Basic　① GDP（国内総生産）　②一帯一路　③アジアインフラ投資銀行　④貿易赤字　⑤中間財　⑥最終消費財　⑦インバウンド　⑧ビザ（査証）　⑨ LCC（格安航空会社）　⑩爆買い　⑪越境EC　⑫キャッシュレス決済　⑬ベンチャー企業　⑭ビッグデータ

Work & Challenge

課題A　略

課題B　1990 年　日本：271.1／193.9　中国：96.2／94.2　韓国：118.5／197.7

2019 年　日本：2154.2／1926.4　中国：2706.2／3427.8　韓国：2005.1／1511.3

㉑ 宗教の多様性と生活文化～ASEAN諸国(1)　p.42～43

Basic　①交易　②多民族社会　③ラオス　④インドネシア　⑤マレーシア　⑥スペイン　⑦カトリック　⑧ヒンドゥー教　⑨道教　⑩少数民族　⑪華人　⑫シンガポール　⑬ブミプトラ政策　⑭識字率

Work & Challenge

課題A　(1)　①エーヤワディー　②チャオプラヤ　③メコン　④スマトラ　⑤カリマンタン（ボルネオ）　⑥ミンダナオ　⑦ジャワ　⑧南シナ　⑨マニラ　⑩ジャカルタ　(2)(3)　略

課題B　A：インドネシア語／イスラーム，キリスト教

B：フランス／カンボジア（クメール）語／仏教

C：イギリス／中国語，英語，マレー語，タミル語／仏教，キリスト教

D：タイ語／仏教

E：テトゥン語，ポルトガル語／キリスト教

F：スペイン→アメリカ／フィリピノ語，英語／キリスト教

G：イギリス／マレー語／イスラーム

H：フランス／ベトナム語／仏教，キリスト教

I：イギリス／マレー語，英語，中国語／イスラーム，仏教

J：イギリス／ミャンマー（ビルマ）語／仏教

K：フランス／ラオス語／仏教

㉒ 宗教の多様性と生活文化～ASEAN諸国(2)　p.44～45

Basic　①三角州　②季節風（モンスーン）　③棚田　④焼畑　⑤米　⑥高床式住居　⑦ハラール　⑧社会主義　⑨計画経済　⑩資本主義　⑪ ASEAN　⑫輸出指向型工業　⑬アジア新国際分業　⑭ AEC　⑮ RCEP　⑯多文化共生社会　⑰経済連携協定（EPA）　⑱ビザ（査証）

Work & Challenge　略

㉓ 水の恵みと生活文化～南アジア　p.46～47

Basic　①ガンジス川　②多い　③インダス川　④少ない　⑤ 緑の革命　⑥白い革命　⑦ヒンドゥー教　⑧カースト　⑨仏教　⑩パキスタン　⑪バングラデシュ　⑫ジュート　⑬ファストファッション　⑭自動車　⑮大気汚染　⑯ブータン　⑰水資源　⑱化学肥料　⑲氷河湖決壊洪水　⑳水質汚染

Work & Challenge

課題A　(1)　①パミール　②カラコルム　③カシミール　④大インド（タール）　⑤ヒマラヤ　⑥アッサム　⑦インダス　⑧ガンジス　⑨西ガーツ　⑩デカン　⑪東ガーツ　⑫モルディブ　⑬セイロン　(2)　略

課題B　略

㉔ イスラーム社会の多様性と生活文化～イスラーム圏(1)　p.48～49

Basic　①砂漠気候（BW）　②ステップ気候（BS）　③オアシス　④遊牧　⑤キャラバン　⑥灌漑農業　⑦カナート　⑧ムハンマド　⑨スンナ派　⑩シーア派　⑪メッカ　⑫カーバ神殿　⑬偶像崇拝　⑭五行　⑮モスク　⑯ラマダーン　⑰ハラーム　⑱ハラールフード　⑲ヒジャーブ

Work & Challenge

課題A　(1)　①カフカス　②ザグロス　③ルブアルハーリー　④カラクーム　⑤アナトリア　⑥カザフ　⑦イラン　⑧黒　⑨カスピ　⑩アラル　⑪紅

(2)　A：エルサレム　B：メディナ　C：メッカ

課題B

信仰告白（シャハーダ）：「アッラー以外に神はなく，ムハンマドは神の使徒である」と告白する。

礼拝（サラート）：夜明け・正午・午後・日没・夜半と1日5回の礼拝を行う。

巡礼（ハッジ）：一生に一度，メッカを訪れることを義務づけている。

断食（サウム）：断食月（ラマダーン）には，日の出から日没まで飲食をしない。

喜捨（ザカート）：貧しい人や困っている人々に供するために，年収から一定額の寄付を行う。

課題C 略

25 イスラーム社会の多様性と生活文化～イスラーム圏(2) p.50～51

Basic ①原油 ②国際石油資本 ③OPEC ④カスピ海 ⑤天然ガス ⑥パイプライン ⑦世俗化 ⑧経済格差 ⑨イスラーム銀行 ⑩喜捨（ザカート） ⑪アラブ人 ⑫アフガニスタン ⑬クルド人 ⑭植民地政策 ⑮ユダヤ教 ⑯エルサレム ⑰イスラエル ⑱中東戦争 ⑲PLO ⑳インティファーダ

Work & Challenge

課題A (1) ①アルジェリア ②イラク ③イラン ④サウジアラビア ⑤イエメン (2) 略

課題B (1) ①ゴルゴダ ②聖墳墓 ③ダビデ ④嘆き ⑤岩

(2) ユダヤ教の神殿「エルサレム神殿」を囲んでいた壁の一部で，エルサレム神殿がローマ軍などにより破壊されたことを嘆いたことから，残された壁を「嘆きの壁」と呼ぶようになった。

26 多様な気候と生活文化～アフリカ p.52～53

Basic ①焼畑 ②とうもろこし ③オアシス ④地中海性気候（Cs） ⑤プランテーション ⑥奴隷貿易 ⑦キリスト教 ⑧モノカルチャー ⑨商品作物 ⑩原油 ⑪レアメタル ⑫アフリカの年 ⑬地域紛争 ⑭スラム ⑮携帯電話 ⑯キャッシュレス決済 ⑰サヘル ⑱砂漠化 ⑲世界自然遺産 ⑳エコツーリズム

Work & Challenge

課題A (1) ①アトラス ②サハラ ③ギニア ④コンゴ ⑤ナイル ⑥キリマンジャロ ⑦タンガニーカ ⑧マラウイ ⑨ドラケンスバーグ ⑩マダガスカル (2) 略

課題B 略

27 経済統合による生活文化の変化～EUと周辺諸国(1) p.54～55

Basic ①氷河地形 ②フィヨルド ③国際河川 ④ケスタ ⑤アルプス山脈 ⑥北大西洋海流 ⑦偏西風 ⑧西岸海洋性気候(Cfb) ⑨地中海性気候(Cs) ⑩混合農業 ⑪園芸農業 ⑫地中海式農業 ⑬レンガ ⑭石灰石 ⑮木骨建築 ⑯産業革命 ⑰先端技術産業 ⑱サードイタリー ⑲シェンゲン ⑳ブルーバナナ

Work & Challenge

課題A (1) ①イベリア ②ピレネー ③アルプス ④北 ⑤スカンディナヴィア ⑥バルト ⑦ライン ⑧ドナウ ⑨バルカン ⑩地中 ⑪北大西洋 (2) 略

課題B 略

28 経済統合による生活文化の変化～EUと周辺諸国(2) p.56～57

Basic ①市民革命 ②汎ヨーロッパ主義 ③EC(欧州共同体) ④マーストリヒト条約 ⑤EU(欧州連合) ⑥正教会 ⑦カトリック ⑧プロテスタント ⑨移民 ⑩ゲルマン ⑪ロマンス ⑫スラブ ⑬バカンス ⑭オーバーツーリズム ⑮ユーロ ⑯東ヨーロッパ ⑰西ヨーロッパ ⑱共通農業政策(CAP) ⑲難民 ⑳ブレグジット

Work & Challenge

課題A (1)(2) 略

(3) あ：プロテスタント い：カトリック・プロテスタント

う：カトリック え：カトリック・プロテスタント

お：正教会・カトリック・プロテスタント か：正教会

課題B イ **課題C** 略

29 寒冷な気候と生活文化～ロシア p.58～59

Basic ①ヨーロッパロシア ②小麦 ③シベリア ④大陸性 ⑤タイガ ⑥永久凍土 ⑦高床式 ⑧ダーチャ ⑨天然ガス ⑩パイプライン ⑪ダイヤモンド ⑫重工業 ⑬経済特区 ⑭自由港 ⑮オイルマネー ⑯市場経済 ⑰ウクライナ ⑱遊牧 ⑲北方領土 ⑳共同経済活動

Work & Challenge

課題A ①東ヨーロッパ ②西シベリア ③中央シベリア ④ウラル ⑤オビ ⑥エニセイ ⑦レナ ⑧北極 ⑨オホーツク ⑩カムチャツカ ⑪カスピ ⑫バイカル

課題B A：原油 B：石炭 C：機械類

D：自動車 E：衣類

30 グローバル化による生活文化の変化～アメリカ・カナダ(1) p.60～61

Basic ①ネイティヴアメリカン ②プロテスタント ③WASP ④奴隷 ⑤アメリカンドリーム ⑥多民族国家 ⑦ヒスパニック ⑧アジア ⑨公民権運動 ⑩サラダボウル ⑪大衆文化 ⑫英語 ⑬フランス語 ⑭ケベック ⑮チャイナタウン ⑯イヌイット ⑰ヌナブト ⑱多文化主義

Work & Challenge

課題A ①アラスカ ②ハドソン ③海岸 ④ロッキー ⑤グレートプレーンズ ⑥プレーリー ⑦中央 ⑧五大 ⑨ラブラドル ⑩アパラチア ⑪フロリダ ⑫ミシシッピ ⑬メキシコ

課題B (1) 略

(2) フロリダ州／奴隷の子孫に加え，地理的に近いカリブ海諸島の国々やプエルトリコからの移民が多く，アフリカ系やヒスパニックの割合が高くなっている。

31 グローバル化による生活文化の変化 ～アメリカ・カナダ(2) p.62～63

Basic ①ロッキー ②アパラチア ③プレーリー ④適地適作 ⑤放牧 ⑥小麦 ⑦大豆 ⑧トラックファーミング ⑨穀物メジャー ⑩アグリビジネス ⑪ファストフード ⑫フロストベルト ⑬ラストベルト ⑭サンベルト ⑮GAFA ⑯多国籍企業 ⑰保護貿易 ⑱USMCA ⑲TPP

Work & Challenge

課題A (1) 略 (2) ①春小麦 ②冬小麦 ③とうもろこし・大豆 ④混合農業 ⑤酪農 ⑥放牧

課題B (1) A：中国 B：日本 C：アメリカ (2) 略

32 土地の開発による生活文化の形成 ～ラテンアメリカ p.64～65

Basic ①ラテンアメリカ ②スペイン ③ポルトガル ④熱帯雨林 ⑤大豆 ⑥ファゼンダ ⑦パンパ ⑧いも ⑨リャマ ⑩メスチソ ⑪ムラート ⑫海底油田 ⑬アンデス ⑭ブラジル ⑮モノカルチャー ⑯メルコスール ⑰太平洋同盟 ⑱CPTPP ⑲ファベーラ ⑳レゲエ

Work & Challenge

課題A (1) ①メキシコ ②ガラパゴス ③カリブ ④オリノコ ⑤アマゾン ⑥ラプラタ ⑦アタカマ ⑧アンデス ⑨リャノ ⑩ブラジル ⑪グランチャコ ⑫パンパ (2) 略

課題B (1) 略

(2) A：チリ B：ブラジル C：メキシコ D：ペルー

33 植民と移民による生活文化の形成～オセアニア p.66～67

Basic ①イギリス ②小麦 ③酪農 ④フィードロット ⑤牧畜 ⑥ゴールドラッシュ ⑦露天掘り ⑧メリノ種 ⑨冷凍船 ⑩端境期 ⑪インド系 ⑫APEC ⑬CPTPP ⑭RCEP ⑮PIF ⑯白豪主義 ⑰アボリジナル ⑱マオリ ⑲多文化社会

Work & Challenge

課題A (1) ①グレートサンディー ②ナラボー ③グレートアーテジアン ④グレートディヴァイディング ⑤グレートバリアリーフ ⑥タスマニア ⑦ニューカレドニア ⑧フィジー あ：メルボルン い：シドニー う：オークランド

(2) 略

課題B (1) 略

(2) A：ミクロネシア連邦 B：ナウル C：ツバル
D：キリバス E：クック諸島
F：フランス領ポリネシア G：ピトケアン諸島

34 相互に関連する地球的課題 p.68～69

Basic 課題A

ア：気候変動に具体的な対策を／13
イ：陸の豊かさも守ろう／15
ウ：つくる責任 つかう責任／12
エ：質の高い教育をみんなに／4
オ：平和と公正をすべての人に／16
カ：貧困をなくそう／1
キ：飢餓をゼロに／2
ク：エネルギーをみんなに そしてクリーンに／7
ケ：すべての人に健康と福祉を／3
コ：働きがいも経済成長も／8
サ：住み続けられるまちづくりを／11
シ：産業と技術革新の基盤をつくろう／9
ス：人や国の不平等をなくそう／10
セ：海の豊かさを守ろう／14
ソ：安全な水とトイレを世界中に／6
タ：ジェンダー平等を実現しよう／5
チ：パートナーシップで目標を達成しよう／17

Work & Challenge 略

35 地球環境問題(1) p.70～71

Basic ①固有種 ②世界自然遺産 ③海流 ④社会 ⑤経済 ⑥自然環境 ⑦持続可能 ⑧国際連合 ⑨17 ⑩169 ⑪2030 ⑫誰も置き去りにしない ⑬大気汚染 ⑭酸性雨 ⑮酸性霧 ⑯硫黄酸化物 ⑰窒素酸化物 ⑱光化学スモッグ ⑲公害 ⑳PM2.5

Work & Challenge

課題A 漁業用のブイ プラスチックのタンク空き缶 ペットボトル ガラス瓶など

課題B ヘンダーソン島は，海流の通り道にあたる場所に位置するため，漁業用のブイや，海に捨てられたゴミが流れついて，海岸に打ち上げられる。

課題C 6，12，14，17（例）

課題D SDGsの目標例：目標12「つくる責任 つかう責任」
具体的な対策例：漁業用のブイの不法投棄を禁じるとともに，適切に廃棄したり，リサイクルできる仕組みを整える。また，生分解性プラスチックなど，環境に配慮した素材を使用した漁具を開発する。

36 地球環境問題(2) p.72～73

Basic ①赤道 ②アマゾン横断道路 ③鉄鉱石 ④プランテーション ⑤マングローブ ⑥過伐採 ⑦過放牧 ⑧ODA ⑨NGO ⑩NPO ⑪エシカル消費 ⑫フェアトレード商品 ⑬地球温暖化 ⑭気候変動 ⑮IPCC ⑯海面上昇 ⑰パリ協定 ⑱緩和策 ⑲再生可能エネルギー ⑳適応策

Work & Challenge

課題A 右上の図を参照

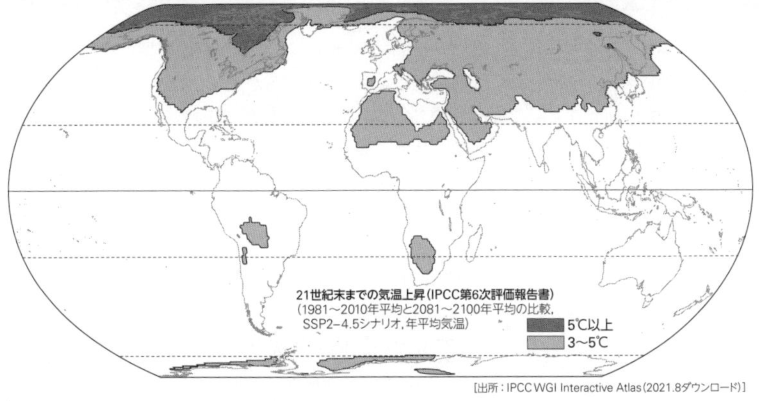

[出所:IPCC WGI Interactive Atlas(2021.8ダウンロード)]

課題B アジア:西・中央アジアの乾燥化,東・東南アジアでの豪雨の増加など

アフリカ:干ばつの増加,感染症の増加など

ヨーロッパ:熱波の発生,氷河の後退など

北アメリカ:森林火災の増加,ハリケーンの増加など

南アメリカ:熱帯林の減少,砂漠化の進行など

オセアニア:オーストラリアの干ばつ,島嶼国の高潮被害など

課題C

緩和策:省エネの家電製品を利用する,太陽光発電を活用する,環境にやさしい交通手段を利用する,ごみの減量・リサイクルの取り組みを進める,学校や家の庭で,緑化を推進する(温室効果ガスを削減する取り組みを考える)

適応策:ハザードマップ等で自然災害への備えを行う,日傘,帽子,クールビズの服装をする,水分補給をし,こまめな休憩をとる,クールスポットに出かける,気候に適応した農作物を育てる(暑さや寒さ,災害に備える対策を考える)

37 資源•エネルギー問題　p.74～75

Basic ①水資源 ②生物資源 ③鉱物資源 ④エネルギー資源 ⑤鉄鉱石 ⑥原油 ⑦資源ナショナリズム ⑧ベースメタル ⑨レアメタル ⑩レアアース ⑪エネルギー革命 ⑫国際石油資本 ⑬ OPEC ⑭オイルショック ⑮ e-waste ⑯都市鉱山 ⑰再生可能 ⑱バイオマス ⑲バイオエタノール ⑳ベストミックス

Work & Challenge

課題A (1) 略 (2) △:銅 □:ボーキサイト ○:鉄鉱石 ◇:金

課題B ⓐ日本 ⓑ中国 ⓒデンマーク ⓓブラジル ⓔフランス ⓕアイスランド

38 人口•食料問題(1)　p.76～77

Basic ①エクメーネ ②アネクメーネ ③人口爆発 ④少子高齢化 ⑤移民 ⑥自然増加率 ⑦社会増加率 ⑧多産多死 ⑨多産少死 ⑩少産少死 ⑪乳幼児死亡率 ⑫家族計画 ⑬合計特殊出生率 ⑭識字率 ⑮国際人口開発会議 ⑯リプロダクティブ・ヘルス/ライツ

Work & Challenge

課題A (1) 略

(2) 女性識字率が比較的高いインド南部では合計特殊出生率が低いが,識字率が低い北部では合計特殊出生率が高い傾向にある。

(3) 合計特殊出生率が低下し,急激な少子化と高齢化が進行すると考えられるが,人口の増加は2050年代まで続くので,先進国と同様に社会保障や財政の維持が難しくなる。

39 人口•食料問題(2)　p.78～79

Basic ①ハンガーマップ ②サブサハラ ③栄養供給量 ④食用 ⑤飼料 ⑥食品ロス ⑦消費 ⑧生産・流通 ⑨食の不均衡 ⑩土地生産性 ⑪労働生産性 ⑫干ばつ ⑬土壌の劣化 ⑭単一作物 ⑮灌漑設備 ⑯とうもろこし ⑰キャッサバ ⑱ネリカ米

Work & Challenge

課題A 略

課題B

(1) 厳しい自然条件のなかで人口が急増して土地が劣化しており,設備などの整備も遅れているので,生産性が上がらない。

(2) 同程度の労働生産性で,土地生産性が高い東南アジアや南アジアの成功例を参考に,品種改良などの技術革新を進める。

(3) 同程度の土地生産性で,労働生産性が高い南アフリカの成功例を参考に,機械化や灌漑施設などの整備を進める。

40 居住•都市問題　p.80～81

Basic ①就業 ②中心業務地区 ③ドーナツ化 ④郊外 ⑤首位都市 ⑥過密化 ⑦スラム ⑧インフォーマルセクター ⑨児童労働 ⑩都市化 ⑪大気汚染 ⑫国連ハビタット ⑬スプロール ⑭グリーンベルト ⑮ニュータウン ⑯インナーシティ ⑰外国人労働者 ⑱都心回帰 ⑲ジェントリフィケーション ⑳コンパクトシティ

Work & Challenge

課題A (1) 略 (2) ①メキシコシティ ②ニューヨーク ③ラゴス ④ムンバイ ⑤マニラ

課題B ロンドンと同じように,都市の無秩序な拡大を抑えるために,東京でも市街地の周囲を緑地で囲う計画が建てられたが,第二次世界大戦の影響や,土地を保有している農家・地主などの強い反対運動,戦後の急激な都市の拡大もあり,実現しなかった。

41 日本の自然環境と防災 (1)　p.82~83

Basic　①環太平洋造山帯　②プレート　③活火山
④活断層　⑤フォッサマグナ ⑥ 糸魚川−静岡構造線
⑦中央構造線　⑧扇状地　⑨三角州　⑩ダム　⑪季節風
⑫気団　⑬四季　⑭西高東低　⑮対馬海流　⑯脊梁山脈
⑰フェーン現象　⑱梅雨前線　⑲熱帯低気圧　⑳秋雨前線

Work & Challenge

課題A　ア：ユーラシア　イ：北アメリカ　ウ：太平洋
エ：フィリピン海　A：千島·カムチャツカ　B：日本　C：伊豆·小笠原　D：南海　E：南西諸島　F：沖縄

課題B　A：6月21日　B：8月21日　C：12月12日

42 日本の自然環境と防災 (2)　p.84~85

Basic　①土石流　②崖崩れ　③地すべり　④外水氾濫
⑤内水氾濫　⑥集中豪雨　⑦都市化　⑧雪崩　⑨日本海側
⑩太平洋側　⑪台風　⑫高潮　⑬満潮　⑭予報
⑮警戒レベル　⑯ハザードマップ

Work & Challenge

課題A　(1)(2)　略
(3)土石流警戒区域：沢沿いや谷口から，平野部に出たところ
急傾斜地崩壊危険箇所：等高線が密になっている急な崖

課題B・課題C　略

43 日本の自然環境と防災 (3)　p.86~87

Basic　①火口湖　②カルデラ湖　③地下水　④温泉
⑤地熱発電　⑥火山泥流　⑦土石流　⑧津波　⑨溶岩流
⑩火砕流　⑪火山ガス　⑫火山灰　⑬偏西風　⑭降灰予報

【問】　A：噴石　B：降灰　C：土石流
D：溶岩流　E：火砕流

Work & Challenge

課題A　(1)　略
(2)　噴火警戒レベル2以上の火山
（2022年11月現在，丸数字は噴火警戒レベル）：
桜島❸　諏訪之瀬島❸
薩摩硫黄島②

課題B　略

44 日本の自然環境と防災 (4)　p.88~89

Basic　①プレート境界の地震　②東北地方太平洋沖地震
③津波　④陸域の浅い地震　⑤活断層　⑥液状化現象
⑦埋立地　⑧地盤沈下　⑨耐震化　⑩免震化　⑪制震化
⑫ハザードマップ

【問】　ア：陸域の浅い地震／イ：陸域の浅い地震／
ウ：プレート境界の地震／エ：陸域の浅い地震／
オ：プレート境界の地震／カ：陸域の浅い地震

Work & Challenge

課題A　東京ディズニーランドの周辺では，液状化の被害が発生した。もともと江戸川の河口部に位置し，干潟がひろがっていた地域に，戦後埋め立てが進み，住宅地や工業用地，ディズニーランドなどが作られたが，地盤改良対策が不十分であった地域では，液状化の被害が大きくなった。東京ディズニーランドでは，園内の液状化被害は発生しなかったが，駐車場や，周囲の道路で液状化がみられた。

課題B　谷線がL字型に曲がったところが，断層がずれたことにより谷がずれた箇所。ずれた箇所をつないでいくと，断層帯がおぼろげに見えてくる。上図では，一直線上に崖，谷の屈曲，谷筋が並んでいるところに断層があると推測できる。

45 日本の自然環境と防災 (5)　p.90~91

Basic　①ゼロメートル地帯　②地盤沈下　③地下放水路
④高規格堤防　⑤災害時帰宅支援ステーション　⑥自助
⑦避難所　⑧共助　⑨公助　⑩仮設住宅　⑪ボランティア活動
⑫タイムライン（防災行動計画）　⑬ SNS　⑭災害関連死

Work & Challenge　略

46 生活圏の諸課題と地域調査 (1)　p.92~93

Basic　①地域的課題　②テーマ　③目的　④事例地域
⑤地形図　⑥現地調査　⑦整理　⑧分析　⑨考察　⑩再調査
⑪比較　⑫まとめ　⑬発表　⑭礼状

Work & Challenge

課題A　(1)　略
(2)・東京の所得が特に高く，沖縄の2倍以上である。
・大都市圏から離れた地方の道府県では，所得が低い。
・富山県と栃木県の所得が意外と高い。

課題B　北部の所得と比較して，南部の市町村の方が所得が高い。
→南部の市町村は第2次・第3次産業が中心であるのに対して，北部は第1次産業が中心ではないか。
→所得の低い地域は過疎化が進んでいる地域で，雇用が少なく，産業が衰退しているのではないか。

47 生活圏の諸課題と地域調査 (2)　p.94~95

Basic　① GIS　②地理院地図　③主題図　④国勢調査
⑤階級区分図　⑥国土数値情報　⑦分布　⑧仮説
⑨現地調査　⑩景観　⑪聞き取り調査

Work & Challenge

課題A　略

課題B　京都府相楽郡精華町の光台地区は，丘陵地を開発してつくられた住宅地。もともとは農村地帯であったが，1980年代以降に開発が進み，住宅地となった。川が流れる谷筋には，棚田のような水田も残っていて，水田に水を供給するためのため池も多く残っている。

Work & Challenge

課題 A　下の地形図は，地理院地図を用いて，京都府精華町（せいかちょう）の光台（ひかりだい）地区を表示したものである。Google Maps を用いて，飲食店，コンビニ，学校，ショッピングセンターの場所を検索し，業種に分けて色分けして記号を置き，分布図を作成しよう。

課題 B　上の地形図の範囲について，以下の課題に取り組み，ヴァーチャル地域調査をしてみよう。

(1)　Google Maps，Google Earth，地理院地図で空中写真を表示して，棚田が残っているところを課題Aとは異なる色で着色してみよう。

(2)　地図中の任意の 5 か所にチェックポイントを設けて，その場所を Google Maps のストリートビューで確認し，チェックポイントから 360 度を見渡して，みられる景観を記録しよう。

(3)　地理院地図を使って過去の空中写真を表示し，この地域がどのように変化したのかをまとめてみよう。

(4)　(1)〜(3)で調べたことをもとに，この地域の特徴を文章にまとめてみよう。

Memo

（8 mm 罫）